家庭心理健康指南

解决孩子成长中的棘手问题

罗清红 主编

中国纺织出版社有限公司

图书在版编目（CIP）数据

家庭心理健康指南. 解决孩子成长中的棘手问题 / 罗清红主编. -- 北京 : 中国纺织出版社有限公司, 2024.8. -- ISBN 978-7-5229-2113-6

Ⅰ. G444-62；G78-62

中国国家版本馆CIP数据核字第2024NK4712号

责任编辑：李凤琴　　责任校对：王花妮　　责任印制：储志伟

中国纺织出版社有限公司出版发行
地址：北京市朝阳区百子湾东里A407号楼　邮政编码：100124
销售电话：010—67004422　传真：010—87155801
http://www.c-textilep.com
中国纺织出版社天猫旗舰店
官方微博 http://weibo.com/2119887771
北京华联印刷有限公司印刷　各地新华书店经销
2024年8月第1版第1次印刷
开本：710×1000　1/16　印张：14
字数：180千字　定价：59.80元

凡购本书，如有缺页、倒页、脱页，由本社图书营销中心调换

编委会

主　编：罗清红

副主编（排名不分先后）：
卿子俊　吕红霞　周　玫　范皑皑

编　委（排名不分先后）：
陈　豪　陈　熙　高琰妮　苟开贵　何杨芳　李　丹　李　玲
任美洁　汪　倩　王　璐　魏　娜　吴玉婕　张艾娜　张　芃
张睿琪　周　玲　周　宇　陈　琴

序言

孩子的心理健康，不仅是他们个人幸福与成功的基石，也是家庭和谐与社会稳定的关键因素。然而，随着孩子逐渐长大，他们在自我认知、人际关系、情绪管理等方面，会遇到各种棘手问题。这些问题，如果得不到及时有效解决，可能会对孩子的身心健康产生负面影响。基于此，我们精心编写了这本《家庭心理健康指南：解决孩子成长中的棘手问题》。

本书共分为五部分，每一部分都针对孩子成长中可能遇到的一类问题，提供全面而深入的探讨和解决方案。

在"认识自我"章节，我们聚焦于孩子自我认知的困惑与挑战，从孩子看不到自己的优点、盲目自信，到不敢在公共场合表达自己、自卑等，这些问题都是孩子成长过程中常见的心理障碍。我们提供了一些具体的方法，帮助家长识别这些问题的根源，引导孩子建立全面、客观地认识自我，培养他们的自信心和自尊心。

在"学会学习"章节，我们关注孩子在学习上面临的困难，从缺乏学习兴趣、畏难情绪，到拖延症、厌学等，这些问题不仅影响孩子的学习成绩，更可能对他们的学习态度和价值观产生负面影响。我们提供科学的学习方法、激发学习兴趣的策略，帮助家长和孩子共同克服学习难题，培养终身学习的能力。

在"人际关系"章节，我们深入探讨孩子在与人交往中的种种挑战，从不敢交新朋友、害怕严厉的老师，到与父母顶嘴、与同学发生冲突等，这些问题都可能成为孩子成长道路上的绊脚石。我们通过具体的沟通技巧和人际交往策略，帮助家长教会孩子如何建立和谐的人际关系，培养他们的社交能力。

在"情绪调试"章节，我们专注于孩子的情绪管理问题，从总爱哭、情绪失控，到压抑情绪、焦虑等，这些问题都可能导致孩子情绪不稳定，影响他们的身心健康。我们提供情绪识别、情绪调节等实用技巧，帮助家长引导孩子学会管理自己的情绪，培养他们的情绪智慧和抗挫折能力。

在"生涯规划"章节，我们着眼于孩子的未来发展和生涯规划，从不爱做家务、不会规划零花钱，到没有理想、不会做决策等，这些问题都可能影响孩子的未来道路。我们通过引导孩子设定目标、培养决策能力等，帮助他们建立清晰的人生规划，为未来的成功打下坚实的基础。

总之，本书是一本集科学性、实用性和可读性于一体的家庭心理健康指南。我们希望通过这本书，能够帮助家长更好地理解孩子、引导孩子，让他们在健康、快乐的环境中茁壮成长。同时，我们也希望这本书能够成为家长与孩子之间沟通的桥梁，增进彼此的理解和信任，共同创造更加美好的家庭氛围。

罗清红

2024年10月

于成都

目录

第一辑 认识自我 | 001

看不到孩子的优点怎么办 | 003

孩子盲目自信怎么办 | 005

孩子不敢在公共场合表达自己怎么办 | 007

孩子不喜欢表现自己怎么办 | 009

孩子不自信怎么办 | 011

孩子"个性太强"怎么办 | 013

孩子总是特立独行怎么办 | 015

孩子总喜欢高估自己怎么办 | 017

孩子自卑怎么办 | 019

孩子无法全面客观看待自己怎么办 | 021

孩子思想多变怎么办 | 023

孩子反感别人的评价怎么办 | 025

孩子的价值观出现偏差怎么办 | 027

孩子不喜欢别人提建议怎么办 | 029

孩子不想谈自己的优缺点怎么办 | 031

孩子特别敏感怎么办 | 033

孩子不懂感恩怎么办 | 035

孩子总是以自我为中心怎么办 | 037

家长如何摆脱盲目比较 | 039

第二辑　学会学习　| 041

孩子没有学习兴趣怎么办　| 043

孩子在学习上出现畏难情绪怎么办　| 045

家长辅导作业时容易发脾气怎么办　| 048

孩子不愿意预习怎么办　| 050

孩子没有学习内驱力怎么办　| 052

孩子觉得学习难度加大怎么办　| 054

孩子学习总是拖延怎么办　| 056

预习是好习惯，孩子做不到怎么办　| 058

孩子出现厌学情绪怎么办　| 060

孩子没有时间观念怎么办　| 062

孩子觉得学习压力大怎么办　| 064

开学了，孩子还没有进入学习状态怎么办　| 066

孩子觉得落差太大怎么办　| 068

孩子阅读抓不住重点怎么办　| 070

孩子遇到问题就逃避怎么办　| 072

孩子学习效率不高怎么办　| 074

孩子觉得学习没有意义怎么办　| 076

孩子想要休学怎么办　| 078

孩子和老师发生冲突怎么办　| 080

孩子学习成绩下降快怎么办　| 082

孩子觉得父母不懂自己的爱好怎么办　| 084

孩子没有良好的学习方法怎么办　| 086

第三辑　人际关系　｜　089

孩子不敢交新朋友怎么办　｜　091

孩子害怕严厉的老师怎么办　｜　093

孩子没有集体意识怎么办　｜　095

孩子跟父母顶嘴怎么办　｜　097

孩子不听父母讲道理怎么办　｜　099

孩子与同龄人发生冲突怎么办　｜　101

孩子爱和生活习惯不好的同学玩怎么办　｜　103

孩子喜欢背后说同学坏话怎么办　｜　105

孩子不合群怎么办　｜　108

孩子对父母大吼大叫怎么办　｜　111

孩子不跟父母说话怎么办　｜　113

孩子被同学孤立怎么办　｜　115

孩子出现"社恐"怎么办　｜　117

孩子与好朋友闹矛盾怎么办　｜　119

孩子"早恋"怎么办　｜　121

孩子不懂如何与同学相处怎么办　｜　123

孩子与父母的关系闹僵了怎么办　｜　125

孩子说讨厌父母怎么办　｜　127

孩子不愿意跟父母沟通怎么办　｜　129

孩子觉得父母期望值太高怎么办　｜　131

孩子和老师发生冲突怎么办　｜　133

孩子回避和家长沟通怎么办　｜　135

第四辑　情绪调试　| 137

孩子总爱哭怎么办　| 139

孩子上课情绪失控怎么办　| 141

孩子一被指出错误就闹情绪怎么办　| 143

孩子突然变得沉默了怎么办　| 145

孩子情绪起伏很大怎么办　| 147

孩子愤怒时浑身发抖怎么办　| 149

孩子生气时用头撞墙怎么办　| 151

孩子压抑自己的情绪怎么办　| 153

孩子有焦虑情绪怎么办　| 155

孩子有强迫症怎么办　| 157

孩子遇到挫折，就容易情绪化怎么办　| 159

孩子情绪起伏很大怎么办　| 161

孩子情绪低落不爱说话怎么办　| 163

孩子出现抑郁情绪怎么办　| 165

孩子脾气暴躁怎么办　| 167

孩子患上心理疾病怎么办　| 169

孩子长时间情绪不稳定怎么办　| 171

孩子在父母面前情绪崩溃怎么办　| 173

孩子心态变得消极怎么办　| 175

第五辑　生涯规划　| 177

孩子不爱做家务怎么办　| 179

孩子不会规划自己的零花钱怎么办　| 181

孩子不会平衡学习与兴趣的关系怎么办　| 183

孩子心中没有榜样怎么办　|　185

孩子没有理想怎么办　|　187

孩子不会目标管理怎么办　|　189

孩子觉得人生没有意义怎么办　|　191

孩子没有长远规划怎么办　|　193

孩子面对升学，心态不好怎么办　|　195

孩子不想上学怎么办　|　197

孩子不接受父母做的规划怎么办　|　199

孩子没有做决策的能力怎么办　|　201

孩子没有学习目标怎么办　|　203

孩子给自己设定的目标太高怎么办　|　205

孩子不会制定人生规划怎么办　|　207

孩子与社会脱节怎么办　|　209

第一辑

认识自我

01

看不到孩子的优点怎么办

每个孩子都有优点,为什么很多家长看不到孩子的优点呢?首先,家长可能受到外界的负面影响,比如,与其他孩子的比较、社会标准的压力、父辈过于优秀等,导致他们对孩子产生不必要的担忧和焦虑。其次,家长可能期望过高,希望孩子在各个方面都表现出色,一旦孩子达不到,家长就会觉得孩子没有优点。最后,家长的教育方式和沟通方式也可能限制了他们发现孩子优点的能力,如果家长缺乏耐心和理解,就难以发现孩子的闪光点。

家长看不到孩子的优点可能会对孩子产生严重的负面影响,其中以下四点影响最为严重。

1. 自尊心受损

家长对孩子毫无优点的评价会严重损害他们的自尊心。孩子可能会感到自己毫无价值,缺乏自信心,从而影响他们的社交能力和自信心。

2. 学业表现下降

家长的消极看法可能会导致孩子对学校和学习失去兴趣,从而影响他们的学业表现。一旦缺乏自信心和动力,内驱力就会逐渐减弱或者消失,孩子可能不再愿意努力学习或者尝试新的挑战,逐渐变成家长眼中没有优点的孩子。

3. 心理健康出现问题

长期以来,家长的负面观念可能让孩子一直处于挫败感和无力感中,可能会让孩子感到无法摆脱自己在家庭中和现实阶段性的困境,孩子在家庭中得不到关注和关爱,逐渐失去积极向上的力量,从而陷入消极的情绪状态,进而产生焦虑、抑郁等心理健康问题。

4. 人际关系不协调

长时间处于否定环境中的孩子,难以建立良好的自我认识和自信心,丁是在与同龄人交往时会表现不自信，担心不被认可，难以建立良好的人际关系。他们可能会因为缺乏自信心而回避社交场合，致使社交圈缩小，缺少与同龄人的社交，导致孤独感和社交隔离。

寻找孩子的优点并不是一件难事，家长可以通过以下方法来发现孩子的闪光点。

1. 观察孩子的兴趣爱好

孩子可能在特定领域有浓厚的兴趣，比如，绘画、音乐、体育等。家长可以鼓励孩子参与这些活动，发现他们在特定领域的才华和潜力，逐步帮助他们在擅长的领域建立自信。

2. 鼓励孩子参与社交活动

孩子在与其他孩子互动的过程中，可能展现出领导力、协作力、慷慨大方等优点。通过社交活动，家长可以更好地发现孩子的优点。

3. 认可孩子的努力

家长应该关注孩子在学习、生活、社交、游戏等各领域的表现，以及在过程中孩子付出的努力，即使结果不完美，家长也应该给予肯定和鼓励。

4. 倾听孩子的想法和意见

孩子对某些事情可能有独特的见解和观点，家长应该倾听并尊重孩子的想法，从中发现孩子的智慧和创造力，还可在适当的时候采纳其建议，让孩子逐步养成独立思考的能力。

最重要的是，家长应该与孩子建立有效的沟通渠道，如文字交流、线上交流、游戏交流、参与交流等形式，从而建立相互信任的关系。通过与孩子的深入交流，家长可以了解他们的内心世界，更好地发现孩子的优点，并给予他们必要的支持和鼓励，帮助他们充分发挥潜力，提升内驱力，健康快乐地成长。

孩子盲目自信怎么办

现在自卑的孩子多，真正自信的孩子少。自信要建立在实力的基础上，如果孩子盲目自信，我们做家长的也不要贬低和打压他。

有这样一个案例：明明妈妈最近有些苦恼，小学二年级的明明常常莫名其妙地"自信"。拿回来很普通的画，却兴高采烈地说自己是班里画画画得最好的；数学练习得了"良"，却说很满意（因为第一名是"优"，"良"就是第二名），也不认真分析错题，就跑去玩儿了……

明明妈妈有些哭笑不得：孩子这么小就盲目自信，一点儿都不谦虚，学习不踏实，长大了可怎么办呀？

其实，家长不用担心，小学低段孩子表现出的"盲目自信"是这个成长阶段的特点，根据儿童心理发展规律，这个年龄阶段，孩子的自我认知主要来源于外界的评价，并且会以自我为中心，有选择地关注对自己有利的信息。因此，也许只是老师的一句鼓励"明明，今天这幅画画得不错呀"，孩子就可能觉得自己的画是最好的，简直无可挑剔，别人都没有自己画得好。

作为成年人，我们会觉得孩子这样的想法很片面，身为家长甚至还会担心：孩子过高评价自己而不再努力怎么办；活在他们自己想象的成绩中，接受不了批评和打击怎么办；盲目自信不谦虚，影响未来发展怎么办。

作为家长担心很正常。但我们要看到，一个小学低段的孩子，表现出这种相信自己的状态其实是非常了不起的，我们现在可没有这样的自信了，所以，不用着急去纠正甚至打压孩子。

"我很棒"这个状态就像"发动机"一样为孩子提供积极向上的能量，而家长及时回应这个"状态"，并有效引导，将其转化为"行动"，就能帮助孩子更好地在相关领域进行学习和探索。

比如，孩子说："我是班里画画画得最好的！"

你可以这样回答："你画得是你们班最好的呀，那你一定很努力哟，你是不是在老师讲的时候听得很认真，画画的时候也很专注？太棒了，要不要妈妈再给你买些画纸和画笔奖励你？你值得拥有更好的工具！"

为什么这样说好呢？因为你接受了他的情绪，不简单认定他"盲目自信"，而是肯定他"相信自己"的积极状态，同时具体指出他"努力""认真""专注"等有效行为，并用及时的小奖励正面强化它，鼓励和引导孩子继续探索和成长。

因此，当处于小学低段的孩子表现出"盲目自信"时，家长要肯定孩子积极向上的、信任自己的状态，并巧妙地把这种积极的状态引导到"行为"上，让他的能力在行动中得到锻炼。有一天，他就会从"盲目自信"变为"真实自信"，这样的自信也将长久地、由内而外地激发孩子积极行动的力量，助力他们未来每一步的成长。

孩子不敢在公共场合表达自己怎么办

有不少家长反映，孩子在家活泼开朗，滔滔不绝，一个劲儿地说，但一到了外面，就变得十分胆小，上课不敢举手发言，在陌生人面前畏首畏尾，更是害怕上台演讲和表演。

孩子为什么不敢在公共场合勇敢地表达自己呢？

1. 和家长的教育方式有关

比如当孩子犯错误时，家长用责备、比较等方式教育孩子，让孩子害怕犯错；还有当别人夸奖孩子时，家长习惯"谦虚"地回答，如"这才哪到哪呀，跟你家比还差得远"；还有的家长喜欢在公共场合揭孩子的短，当着孩子的面，大笑着讲孩子的糗事等，这些方式都会让孩子对公共场合产生不安全感。

家长害怕孩子受伤、受委屈，从而过度地保护孩子，导致孩子从小就缺少玩伴，缺少与人交往的机会。因此，一旦碰到陌生人，孩子就容易产生不安全的感觉，由此产生紧张感。

2. 和孩子的个性特点有关

有的孩子内心比较敏感，在乎别人的评价，担心自己的表现不好，会被别人耻笑，所以不敢表现。

由此我们可以看出，孩子不敢在别人面前表现自己，主要原因还是心里没底气、不踏实、不自信、没有安全感。

如果孩子有想法，却因为害怕不敢说出来，那会导致他们失去很多机会。此外，孩子还可能压抑自己的情绪，对心理健康造成负面影响。

那么作为家长，我们应该怎么帮助孩子呢？

鼓励孩子多表达自己的观点。家长在日常生活中可以多问孩子的看法，耐心倾听，并给予积极的反馈和支持。这种互动可以增强孩子的自信心，还能培养其独立思考和语言表达能力。

如果家长不知道与孩子沟通什么，可以在家里准备一个"沟通小锦囊"，提前将一些问题写在纸上，放入特定的盒子里，每天回家就抽出一个话题与孩子分享。如今天让你高兴的事是什么？当你心情不好时，你会做些什么？你最希望家人做出什么改变？如果你拥有一项超能力，你会选择什么？等等。

让孩子参加一些展示类活动。但是一定要遵循以下两个原则：其一，先群体，再个体。其二，只表扬，不建议，语言中不要有"但是"。这样可以在实践中让孩子逐渐克服恐惧和不确定感，并且帮助孩子锻炼自己的口才和表现能力。

鼓励孩子多参与社交活动。家长可以安排一些小聚会，让孩子从中学会如何与人沟通和交流，这样可以帮助他们更好地适应社交环境。

与孩子探讨如何应对他人的负面评价。孩子在公共场合发表观点时，可能会遇到别人的负面评价。家长可以与孩子一起讨论如何处理这些负面评价，还可以进行情景模拟练习，帮助孩子更好地应对他人的负面评价。

总之，要解决孩子在家"小话痨"、在外"怂"的问题，需要家长们耐心地引导和支持。通过鼓励孩子参与社交活动、提供表达自己的机会等方法，帮助孩子克服恐惧和不安，成为自信、勇敢的孩子，在外面的世界中茁壮成长。

孩子不喜欢表现自己怎么办

很多家长发现自己的孩子不爱表现自己,总喜欢把自己藏在人群中,特别是进入小学高年级后,这里面有客观原因,也有一些主观因素,但长此以往孩子会错失一些展示自我、拓展自己技能的机会。下面我从原因、影响以及如何帮助孩子调整三个方面来分享。

孩子不喜欢表现自己有三个常见原因。

1. 不够自信

不爱表现与不敢表现是有本质区别的,父母要分辨孩子是因为不自信、害怕失败、害怕被嘲笑而退缩放弃,还是确实不喜欢那项活动所以选择放弃。

2. 精力不够

随着年级的增高,学业压力也随之提升,如果学校课程或者各种课外班已经占满孩子的时间,再分出精力参与活动,会让他们力不从心。

3. 性格因素

如果孩子本身是内向、慢热的性格,那么他们是不喜欢在人前表现自己的,更愿意待在安静的环境中。

其实,每个孩子都是渴望被重视、被欢迎、被老师家长信任的。当他们一次次选择放弃表现自己的机会,会带来诸多不利影响。

1. 自信心下降

无论是不愿意还是不敢去表现自己,孩子多多少少都会有些失落,会认为自己在团体活动中甚至社交场合里没有多少价值,自信心也会随之下降。

2. 社交能力受限

错过提升自己、展示自己的机会,也会降低他们在班级、在学校的影响力,减少他们与人互动、合作的机会,不利于孩子人际交往能力的锻炼与提升。

3. 错失锻炼机会

不参与活动还会错失一些锻炼、拓展自己的机会。

那么，作为家长如何有效地帮助孩子调整呢？

1. 培养孩子的兴趣

从生活中孩子喜欢的事情开始，让孩子多做事，并把事情做成，在小的范围内让孩子体验到成就感、掌控感，然后一步步地扩展让孩子去做更多的事。这样，孩子就能进入"尝试—成功—更有信心尝试"的良性循环中，从而认识到自己的能力，培养出自己的爱好与特长，也更愿意展示自己。

2. 尊重与信任

家长要关注孩子学校的各种活动，在尊重孩子的基础上多探讨活动的意义，参与或不参与对自己和集体可能的影响。让孩子对活动和自己的兴趣、爱好、能力有客观的评估后自主选择，这样孩子既有机会去做自己真正喜欢的事情，也可以坦然放弃自己不喜欢的事情。

3. 鼓励与支持

当孩子表现出参与意愿时，家长要给予充分的鼓励与支持，包括时间、空间、培训等资源，让他们充分感受家庭的力量。让孩子知道无论输赢，只要敢于尝试、积极参与就会获得属于自己的体验与经验，而家永远都是他温暖安全的港湾。

另外，家长也要以身作则，积极参与社交活动，包容孩子的不足、过失，复盘总结经验就好，让孩子通过观察家长的行为树立积极的价值观。

通过以上方法，家长可以在尊重孩子意愿的基础上，引导孩子建立自信心，使他们在成长过程中更好地发现自己的潜力和特长，从而建立起积极的自我认知，敢于把握机会，表现自己。

孩子不自信怎么办

家长在陪伴孩子的过程中或多或少会遇到这样的情况：面对困难，或有点挑战性的事情，孩子不敢尝试，出现逃避、拖延或者直接放弃的情况，他们常说"我不行""我不会"。如果一个孩子总说自己不行，这说明他已经对自己产生了消极的自我认知。下面我从原因与解决方法两个方面来分享。

孩子不自信，可能有以下三个原因。

1. 学业压力

随着年级的升高学业难度也在不断增大，如果孩子对学科知识理解不好，或者感觉作业太多、太难，都容易让孩子产生畏难情绪，或认为自己不够聪明、能力不足，从而产生自卑感。

2. 社交问题

孩子会越来越在意与同学的友谊关系，如果与同学有矛盾却不知如何化解，或感觉自己被孤立、被排挤、被欺凌，那么孩子可能会怀疑自我，从而产生强烈的自卑感。

3. 家庭压力

有些家长比较焦虑，容易情绪化，对孩子有过高的期待，总拿别人家的孩子与自家孩子做比较，甚至口无遮拦地斥责辱骂孩子，这会让孩子对自己的缺点非常敏感，总觉得自己不如别人，看不到自己的优点，从而产生负面的自我评价。当孩子背负极大压力时就容易自暴自弃。

那么，家长可以从哪些方面去引导孩子呢？

1. 让孩子感受家的温暖

家长一定要让孩子感受到家庭是一个温暖的地方，无论他暂时的表现怎么样，家人都是爱他的，都是信任和支持他的。

孩子的感受和想法都是很重要的，是需要被父母在意的。家长与孩子进行正面沟通时，要温和地鼓励他们表达自己的感受、想法、需求，倾听孩子的心声，千万不要忽略，甚至批评指责孩子的情感体验。这样孩子在你面前才是有安全感的，你才能帮助孩子找到不自信的问题根源，比如，不懂得处理同学间的冲突，某科知识点没掌握，爸爸妈妈的情绪波动太大等。找到原因，才能提供有效的支持与帮助，卸下孩子的心理重担。

无论在解决问题的过程中，还是在平日里，父母都要及时给予孩子正向积极的反馈，肯定他们的努力，以及因为行动获得的经验与进步，从而不断增强孩子的自信心与行动力，而不是盯着孩子暂时没做到的，或者只在意最后的结果。

2. 培养广泛的兴趣爱好

鼓励孩子阅读名人传记、国学经典，从先贤古人那里承接智慧的力量。不要仅盯着课本知识，还要带孩子积极参与家庭生活、大自然里的创造性活动等，培养他们广泛的兴趣爱好。在课堂之外，还有山川大地、星辰大海，找到自己的热爱与擅长，和孩子一起生机勃勃地生活。

3. 不断放手，给予孩子成长的空间

不断放手，给予孩子空间和时间成长，锻炼他们的勇气与毅力以及遇见问题时积极寻找解决办法的智慧。

通过以上引导方法，父母可以帮助孩子树立正确的自我认知，增强他们的自信心，积极面对困难，勇敢地迎接挑战，从而更好地成长。

孩子"个性太强"怎么办

在我平时与家长的接触中,我发现有近一半的家长认为自己家的孩子"个性太强"。"个性太强"不算一个贬义词,它兼具消极和积极两方面的影响。下面我从孩子"个性太强"的主要原因、负面影响以及如何帮助孩子调整三个方面来分享。

首先,孩子个性强的常见原因有以下两点。

1. 家庭教育方式

家庭教育有两种比较极端的方式,第一种是父母过于严厉,要求高,孩子总是处在被支配、被要求、被苛责的状态,因而会特别害怕失败,只敢赢不敢输。孩子在家庭中承受的压力,容易发泄在同龄人或竞争对手身上,造成人际关系紧张。

第二种是家长过度放纵溺爱,导致孩子从小行事骄纵,以自我为中心,缺乏合适引导,孩子没有规则与边界意识,形成强势的性格。

2. 孩子的性格特点

每个孩子都是独立的个体,孩子与孩子之间差异较大,有的孩子确实天生个性强势,更容易表现出坚持己见、不愿服从的性格。

那么,个性太强究竟会给孩子带来哪些不良影响呢?

1. 家庭关系

孩子敏感、倔强、不服从的状态,容易让父母感到焦虑,导致家庭内部关系紧张。

2. 社交问题

过于敏感、强势的孩子难以与同学友好相处,容易产生矛盾冲突,这样的持久体验也会影响孩子的自我认知,从而影响未来人际关系与职场发展。

3. 学业影响

强势的性格还会难以与同学形成合作，缺乏朋友的情绪困扰也会干扰孩子的注意力，影响学习和课堂表现。

那么，父母如何帮助孩子调整改善呢？

1. 做安全可靠的父母

无论是被严格要求还是被溺爱的孩子，其实都渴望被父母真正地重视。他们内心的感受、想法、需求，都希望被聆听、被尊重，也需要被恰如其分地引导帮助。父母要让孩子感到父母的安全和可靠，如此，既建立了良好的亲子关系，孩子也不需要再用强势来表达自己、武装自己。

想要孩子做出改变，父母首先自己要做到，以积极、理性、和善、尊重的态度对待孩子，示范给孩子看，孩子才会从你这里感受并学会用合适的方式去表达自己，从而建立良好的亲子关系。

2. 制定规则界限

家庭中应该有明确的规则与各自行为的边界。哪些是父母的事情，哪些是孩子的事情，哪些是一起合作的事情，自己的事情自己说了算，别人的事情尊重别人的意见，大家的事情一起商量着办。

规则界限清晰后，父母适时给予孩子引导，还可以商议制定合理的奖惩制度，让孩子既能自我负责，又能尊重他人，懂得合作共赢。

3. 增强合作意识

父母可以引导孩子参与集体活动，特别是体育运动，既能释放孩子的情绪与过多的精力，又能培养孩子不怕输团结协作的精神。

父母还可以通过情景体验、角色扮演等方式帮助孩子提升情商，善于理解表达自己的情绪需求，也理解他人的情绪需求，懂得与人相处。

当然，如果孩子的强势行为严重影响到学习、生活，父母可以寻求心理医生或家庭辅导的专业帮助。

通过以上方法，可以帮助孩子建立积极的性格特点，培养他们沟通、合作的能力，使他们在社交和学习中更好地发展，从而建立良好的人际关系。

孩子总是特立独行怎么办

有一种孩子，非常有个性，不管别人怎么说，仍然自己有自己的主见。这种孩子就是比较"特立独行"的性格。特立独行的孩子，其行为和同龄人往往大不相同，极富特点与个性。我们不能把特立独行全部当成负面的行为，尤其是青春期孩子的特立独行。这正是这个阶段孩子追求个性和尝试独立的正常表现，不能一味地否定和打压，但是一些特立独行的行为也让家长头痛不已。

第一种类型是闭锁式特立独行，其特点是孩子性格内向孤僻，独来独往，过分依赖电子产品，不爱参加集体活动，有的时候会被别人欺负。

第二种类型是过度追求标新立异或对立违抗式的特立独行，这种类型的孩子性格外向活跃，渴望关注，容易习得各种不良习惯，有较强的叛逆精神，更容易违反纪律，喜欢和大人对着干。

这两种特立独行的类型代表着青少年性格发展的两个极端，要么是过度闭锁，要么是过度叛逆，都不利于孩子的健康成长。

一方面是不利于建立良好的人际关系。不善于与人沟通、合作，这不利于将来社会生活与学习工作的适应。

另一方面是不利于孩子的健康成长。过度闭锁的孩子缺少基本的社交能力和支持系统，容易产生心理障碍。而过度叛逆的孩子，则容易产生各种行为问题，比如，逃课、打架、吸烟、游戏成瘾、奇装异服等。

遇到这样的孩子家长应该怎么办呢？

第一，遵循孩子的发展特点给予指导。青春期是孩子的个性形成期，也是自我探索期，人的成长就是不断与他人积极的过程。所以家长要在尊重孩子的个性发展特点和成长阶段特点的基础上积极引导，而不能强行干预。强行扭转孩子的性格特点，往往会造成更严重的抗拒和冲突。

第二，提高孩子的分辨力。要看到孩子特立独行背后的积极因素，给予孩子充分的欣赏和肯定。家长可以欣赏孩子的勇气、个性、独立等有利因素，但同时要对特立独行产生的不利影响进行有效干预和指导，帮助孩子共情他人，积极沟通，学会合作，遵守规章制度，鼓励孩子以开放的心态去面对社会困难。

第三，帮助孩子把彰显个性和自己的人生理想、前途命运结合起来，让孩子成为奋斗的先行者、奉献社会的服务者、热爱生活的快乐者等，用更加积极的方式彰显自己的个性特征。

所以特立独行不应该完全被看作一种需要消除的问题，我们更应该看到其中的有利因素，也许孩子自身就拥有解决自己问题的能力。

孩子总喜欢高估自己怎么办

孩子常常面临身心发展的变化，对自我的评价也在不断形成和调整。一些孩子可能在自我评价上表现得过于自信，这可能是受到多种因素的影响，这种自信可能是积极的，但过于高看自己也可能会带来一些负面影响。

孩子为什么总喜欢高估自己呢？

青春期的孩子可能对自身能力和表现的真实情况存在认知偏差，他们可能更容易注意到自己的优点和成功，忽视自己的不足和失败，从而过于乐观地看待自己，也就是高估自己的能力。

具体来说，孩子在成长过程中如果长期受到家庭、学校或社交圈的过度赞美和鼓励，可能会形成过高的自我评价。有些孩子可能是出于自我安慰或寻求认可的需要，他们希望在同伴和社会中获得肯定，可能会过度强调自己的优点和成功。

有时候过高的自我评价也是孩子的一种自我保护机制。在面对挑战或失败时，一些孩子可能通过对自己的高评价来维护自尊心，从而抵御外界的批评和否定。

过高的自我评价可能会带来一系列的负面影响。

孩子可能会缺乏对自身能力的真实认知，认为自己无所不能，过于自满和自大，不愿意接受反馈和批评，难以应对失败或挫折，导致自我反思和成长的停滞。

过高的自我评价可能使孩子忽视自身的不足和需要改进的地方，缺乏进步和发展的动力，不再努力进取。

过高的自我评价还可能导致孩子与他人交往中缺乏谦虚和尊重，难以建立起良好的人际关系。

父母可以尝试用以下方法来帮助孩子应对过高的自我评价。

首先，父母要给予孩子及时、积极的鼓励和赞赏，同时要提供平衡的反馈。当孩子过高评价自己时，父母可以提醒他们注意自己的不足之处，并提供具体的建议和指导。这样可以帮助孩子更加客观地认识自己，促进其自我成长。父母还要经常鼓励孩子反思自己的行为和表现，帮助他们更准确地认识自己的优点和不足。父母要加强亲子对话，在日常生活中，通过提问和引导，让孩子思考自己的长处和需要改进的地方。

其次，父母可以和孩子一起面对挫折和困难，陪伴孩子应对适度的挑战和失败。当困难来临时，与孩子一起分析情况，分享彼此的感受和应对办法，让孩子理解失败是成长的一部分，失败为成长提供了改进的机会，要勇于面对挫折和失败。这样可以帮他们认识到自己认知的局限性，从而学会从失败中吸取教训，获得成长。

最后，父母可以通过言传身教，塑造孩子谦虚和尊重他人的价值观。通过鼓励孩子与他人分享和合作，培养良好的人际关系和团队合作能力。孩子在合作中会发现每个人都有自己的优点和特长，我们可以从他人身上学到很多东西。此外，父母还可以帮助孩子建立积极的自我价值观——不仅仅基于外部评价和成就来评价自己，鼓励孩子发展自己的兴趣爱好，并重视内在的品质和价值。

在处理孩子对自我评价过高的问题时，父母需要理解孩子的内心需求，通过合适的引导和教育，培养孩子客观、谦虚和积极的态度，帮助他们建立真实、积极的自我认知。建立这样的认知将有助于孩子更好地认识自己的能力和潜力，同时能更好地应对挑战和困难，使他们更好地适应社会和学校环境，培养健康的心态。

孩子自卑怎么办

孩子自卑可能有多种原因，如学业压力、外貌焦虑、人际关系、家庭环境等。这些原因都有可能导致孩子产生自卑情绪，进而影响他们的心理健康和成长。自卑对孩子成长产生的负面影响表现在多个方面，如，学业表现、社交能力、情绪稳定性等。父母在面对孩子自卑的问题时，可以采取一些积极的方法来帮助孩子建立自信，促进他们健康成长。

我们一起来看看自卑产生的主要原因。

随着学业负担的加重，在学校的竞争日益激烈。学业压力的骤然增大可能导致孩子自卑，特别是当成绩不能达到孩子自己的期望值时。

同时，当孩子进入新的社交圈子，可能遇到人际关系问题，如友谊问题、同伴关系紧张、被同学排挤或欺凌等，导致孩子产生自卑情绪。如果家庭内部有一些问题，如父母的婚姻问题、家庭暴力等，也都可能影响孩子的自尊心。

而在孩子自身方面，进入青春期后，孩子身体发育和外貌变化快，可能引发孩子对自身外貌的不满，导致自卑情绪。随着孩子逐渐长大，他们会接触更多的社会标准，如贫富差距、成功标准等，也容易因为达不到这些标准感到自卑。

这些自卑情绪对孩子的成长有以下影响。

自卑情绪会影响孩子的学习动力和自信心，导致其学习成绩下降。

他们可能会对自己的能力产生怀疑，觉得无论怎样努力都无法取得好成绩，从而陷入学习困难。

自卑情绪可能使孩子退缩，害怕与他人交流和建立关系。他们可能会避免参加社交活动，从而影响社交技能的发展和人际关系的建立。

长期的自卑情绪可能导致孩子出现抑郁、焦虑等心理健康问题。他们可能会感到沮丧、无助和自责，对生活失去兴趣和动力，严重影响个人发展和自我实现。

当孩子出现自卑情绪时，父母可以采取以下方法来帮助孩子。

首先，父母要积极创造温暖的家庭环境。在家庭中给予孩子充分的关爱和支持，鼓励他们表达自己的感受。在孩子表达自己时，父母要耐心倾听孩子的困扰和感受，让他们知道自己不是孤独的。通过与孩子的沟通，父母可以了解孩子们的内心世界，帮助他们树立积极的自我形象。

其次，父母可以鼓励孩子参与各种活动，发展自己的兴趣爱好。通过参与感兴趣的活动，孩子可以增强自信心和自我价值感。在孩子的兴趣爱好方面，父母可以为孩子提供支持和鼓励，帮助孩子发现自己的潜力和才能。

最后，在日常生活中，父母要特别注意和孩子建立良好的沟通渠道，倾听孩子的需求和困扰，给予积极的反馈和建议，协助孩子解决问题。

在父母协助孩子时要注意：理解和尊重孩子的自卑情绪，不要轻视或忽视他们的感受，用鼓励和肯定的态度对待孩子，从而帮助孩子树立积极的自我形象。

如果孩子的自卑情绪严重影响他们的生活和学习，建议寻求心理咨询师或心理医生的专业帮助。专业人士可以提供更深入的评估和指导，帮助孩子克服自卑感，建立积极的自我形象。

总之，父母在孩子自卑时应该成为他们的精神支柱，给予他们足够的关注和支持，帮助他们建立自信心和自尊心，引导他们健康成长。理解、关心、支持和引导是父母在处理孩子自卑问题时最重要的原则。

孩子无法全面客观看待自己怎么办

孩子进入青春期后，家长可能会发现，孩子越来越关注别人对自己的看法，如出门前会躲在卧室很久，检查外表的每一个细节，对穿衣打扮有了自己的主见。有时他们会因为他人的一句话陷入深深的自我怀疑，有时又会因为一次小小的成功而沾沾自喜。其实，这些现象很常见，青春期生理和心理的变化，让孩子们有了更多自我探索的需求。诸如，"我是谁""我为什么来到这个世界"等一系列的问题进入孩子的内心，并逐渐占据了他们人生问题的重要位置。他们渴望了解在别人的眼里，自己是英俊潇洒还是很难看，总是担心自己不被别人喜欢，不被群体接纳认可。

但由于青少年心理发育还不够成熟，所以他们在认识自我的时候不那么全面，而且青少年总是倾向以"假想观众"这种自我中心的视角来看待外界，认为全世界都在关注自己，这又会使他们对于自我的认知不够客观。

因此，无法全面、客观看待自己的孩子，有时候难免显得好高骛远，容易脱离现实，且当他们的理想自我在学习、生活中不能实现时，就容易引发情绪问题或者和他人发生冲突。而能够准确地进行自我定位、对自己有信心的孩子，在遇到新的挑战时能够及时进行调整，还可以发挥自我的功能，顺利完成学习和工作的任务，适应生活上的各种状况。这个阶段，父母要如何帮助孩子客观地认识自己呢？

1. 鼓励孩子积极进行社会交往

在社会交往中，孩子可以以同龄人为"参照物"，在与他人互动中了解自己在群体中的位置和作用，在他们身上发现自己所不具备的素质。所以，父母要辅助孩子建立属于自己的人际关系网，鼓励孩子积极参与集体活动，并学会以客观的角度看待他人的评价。

2. 提醒孩子辨证地看待成败

在生活中，孩子可以通过取得的成绩和影响力来分析自己，从而获得自我意识。父母要提醒孩子辨证地看待事情的成败得失，在成功时引导孩子冷静分析、居安思危；在失败时给予孩子鼓励、支持，让孩子不要过度否定自己。

3. 帮助孩子进行自我反思

有时候，孩子的不足就像"鼻子上的红点"，别人看得很清楚，自己却不知道。家长要多提出引导性问题，让孩子自己发现问题并思考分析，也可以鼓励孩子养成写日记或周记的习惯，培养其自我反思的能力。如果孩子能够主动进行自我反思，就会拥有积极的成长动力。

正确的自我认知对孩子的成长和发展具有重要的意义。希望在父母的帮助下，每一位孩子都能更好地发掘自己的潜力，在人生的舞台上绽放出属于自己的独特光芒！

孩子思想多变怎么办

思想多变的现象是正常的青少年特征，这通常与他们身心发展、自我认知能力的提升有关。这一时期，他们开始更加独立地思考问题，尝试接受不同的观点、价值观，这些变化也可能受到外界环境、同伴关系等多方面因素的影响。思想多变可能带来一些积极的影响，如创造性思维、灵活性，但也可能带来消极的影响，如决策困难、不稳定性等。在面对孩子思想多变的情况时，父母可以采取一些策略来引导他们。

孩子出现思想多变的情况是因为青春期是孩子身心发展的关键时期，在这一时期，孩子的身体和心理发展迅猛，孩子的大脑经历重大变化，思维变得更加复杂，感受更加强烈。他们开始思考更复杂的问题，对世界和自己的认知也在不断发展。孩子开始更深入地思考和探索自己的身份，他们渴望了解自己是谁，希望找到自己的兴趣、价值观和目标。因此，他们会尝试不同的想法和角色，这就容易导致看法和想法频繁发生变化。

青春期孩子的社交圈进一步扩大，同伴关系、学校环境、社会信息等外部因素都可能影响孩子的观念和看法，导致他们的想法更加多变。孩子可能通过尝试不同的行为来了解自己，确定自己的兴趣、价值观，而这种试错和探索过程也会使得他们的想法多变。

各种原因导致孩子想法多、善变，这对他们的影响如下。

从积极的方面来看，思想多变的孩子可能更具有创造性思维，能够看到问题的多个角度，提出新的想法和解决方案。

从消极的方面来看，孩子可能因为想法频繁变化，而在做决策时感到困惑和不确定，犹豫不决，难以做出稳定的决策，从而导致决策困难。

频繁变化的想法可能使孩子在学习上缺乏专注力和持久性，导致其学习成绩不稳定或无法深入学习某个领域。

思想多变还可能导致孩子情绪波动较大，孩子既可能非常兴奋，也可能非常沮丧。他们可能会频繁改变自己的兴趣、观点或朋友圈子，导致人际关系的不稳定。

父母可以尝试以下方法来帮助孩子改善和解决这种困扰。

首先，父母应该信任孩子独立思考的能力，尊重孩子的观点和看法，给予他们足够的空间，尽量避免过度干预或强加自己的意愿。建立一个开放而尊重的沟通渠道，倾听孩子的想法和感受，鼓励孩子表达自己的观点，帮助他们建立自信。通过与孩子的交流，了解他们的内心世界和思考过程，从而帮助他们理清思绪，解决疑惑，并提供必要的指导和支持。

其次，当孩子提出多变的看法时，父母可以引导他们进行理性思考，帮助他们分析问题、权衡利弊、预测后果。教导孩子如何收集信息、分析信息和做出明智的决策，并鼓励他们在做出决策时保持一定的稳定性，培养孩子的判断力和决策力。

再次，鼓励孩子多角度思考问题和探讨尽可能多的解决方案，培养他们的批判性思维和判断力，以帮助他们更好地理解自己的想法和观点。

最后，在这个过程中，家长要知道孩子的善变想法是正常的成长过程，不要过度干预或批评他们的变化，尊重他们的个性和思考方式，同时给予适当的引导和支持，帮助他们建立健康的自我认知，顺利度过青春期的这个阶段。

孩子反感别人的评价怎么办

孩子反感别人的评价可能有多种原因，这与他们在建立自我认知和身份的过程中，渴望被他人尊重和理解的需求有关。在这个时期，他们开始更加关注自己在群体中的地位，内心变得非常敏感，因此，对于外界评价，尤其是负面评价，会更容易产生抵触情绪。这种反感外界评价的心理可能带来一些正面和负面影响，父母在处理时需要综合考虑孩子的感受，给予适当的引导和支持。

孩子在这一阶段对别人的评价特别敏感的原因如下。

青春期是孩子确立自己的身份和自我认同的关键时期，他们正在探索自己的身份和价值，对于外界评价有强烈的敏感性。这一时期孩子的自尊心十分脆弱，很容易受到外界评价的影响，尤其是负面评价可能对孩子的自尊心造成伤害，使他们感到不被重视和自卑。

同龄人之间的社交压力在这一时期也尤为明显。孩子可能害怕被别人嘲笑、批评或排斥，因此对外界评价产生抵触情绪。

当然，每个孩子都是独立的个体。个体差异使得有些孩子更容易受到别人评价的影响，而另一些孩子可能更为坚定，不容易受到干扰。

反感别人评价可能带来的影响如下。

反感外界评价可能导致孩子的自尊心下降，影响他们的自信心和自我价值感；害怕被别人评价可能会使孩子主动避免社交，从而导致社交障碍问题。

长期受到负面评价或者对外界评价过于敏感可能导致孩子产生抑郁和焦虑等心理问题。这些心理问题可能影响孩子的学业表现和生活质量。

这种情况下，父母可以尝试以下方法来帮助孩子。

父母可以鼓励孩子培养自我肯定的态度，树立积极的自我形象。父母在日常生活中帮助孩子认识到自己的优势和特点，建立自我肯定感。通过正面的反馈和鼓励，帮助孩子建立积极的自我形象，减少对他人评价的过度依赖。父母要与孩子建立良好的沟通渠道，让他们可以随时向父母倾诉和寻求支持，让他们知道家庭是一个可以依靠的地方，无论外界怎么评价，父母永远是他们的支持者。

同时，父母可以培养孩子的批判性思维，让他们学会分析和评估他人的评价。父母要教导孩子如何辨别有建设性的批评和无根据的指责，培养他们的思考能力和判断力，从而更好地处理他人的评价。让孩子在面对负面评价时，通过冷静思考、表达自己的观点、寻求支持或忽略无关的评价等方法逐渐学会自信地面对他人的评价。

如果孩子的抵触情绪严重，影响到正常生活和学习，父母可以帮助孩子建立一个支持网络，这个支持网络包括亲朋好友和专业导师。支持网络中的人都可以给予孩子积极的支持和鼓励，帮助孩子处理情绪困扰，增加自信心和抵抗力，建立积极的自我形象。

需要特别注意的是，孩子对别人的评价反感是一种正常的情绪反应，不要轻视或忽视他们的感受。父母要尊重孩子的情绪，与他们进行开放、尊重的对话，在生活中以身作则，成为孩子的榜样。向孩子展示积极的自我评价和对别人评价的理性看待，让他们知道人都会面对别人评价和批评，重要的是坚定自己的想法，追求自己的目标。通过父母的支持和引导，孩子可以逐渐学会处理别人的评价，从而建立自信和健康的自我认知。

孩子的价值观出现偏差怎么办

很多孩子缺乏正确的价值观，并非他们不可救药，而是没有受到这方面的教育，或者没有真正理解价值观的含义。

我们一起来了解一下导致孩子价值观出现偏差的原因有哪些。

家庭是孩子成长的第一场所，家庭环境对于孩子的价值观发展有着深远影响。家庭中所体现的价值观、信仰体系和行为模式，在孩子的心智和道德发展中，扮演关键角色。不稳定或不健康的家庭环境会导致孩子出现价值观的偏差。同时，青春期会常常受到同龄人的影响，他们会受到来自同学或朋友的压力，采纳他们不健康或不道德的价值观。另外，当下社会科技高速发展，电视、电影和社交媒体的普及，都随时随地影响着年轻人的观念，传达不同的价值观。不良的媒体内容影响，会导致孩子出现价值观的偏差。

学校和社会环境中的竞争、功利主义和成功观念，也会对孩子的价值观产生影响，使他们更注重个人成功，而忽视道德和伦理原则。

孩子自我认同的探索与困惑，也起着一定的影响。青春期是自我认同建立的关键时期，孩子可能对自己的身份和价值观感到困惑，试图通过模仿别人或采纳不同的价值观来找到自己的位置。

那么，孩子价值观的偏差，对孩子的成长有哪些负面影响呢？

首先，会产生社会和道德问题。价值观的偏差，会导致孩子参与不道德甚至犯罪活动，如欺凌、毒品滥用等不法行为。

其次，会产生心理健康问题。偏差的价值观可能导致焦虑、抑郁和其他心理健康问题，因为他们可能感到内疚、失落或无法与家庭、同伴和谐相处。

最后，会使他们的职业和教育机会受限。道德偏差会对未来的职业和教育机会产生负面影响，因为用人单位和教育机构都非常重视一个人的道德品质。

当然，这其中也包括人际关系问题，不良的价值观会导致孩子难以建立良好的人际关系。

那父母如何重新协助孩子，找回正确的价值观呢？

第一，父母要建立开放的沟通渠道。父母和孩子要建立平等、开放、诚实和支持性的沟通渠道，鼓励孩子和父母分享他们的想法、疑虑和问题。父母应该为孩子树立良好的榜样，给孩子展示正确的道德和伦理价值观。在日常生活中，父母的言行举止，应与孩子价值观的期望一致。

第二，父母可以为孩子提供良好的教育资源，从实际出发，帮助孩子理解什么是正确的道德和伦理价值观，以及启发孩子，让孩子明白正确的道德和伦理价值观的重要性。同时与孩子一起进行自我反思，鼓励孩子探索他们自己的价值观，帮助他们树立与生活和目标相一致的价值观。父母可以通过身边的一些真实事例培养孩子的同理心，比如，和孩子一起进行案例研究和志愿者活动，培养孩子的同理心，多让孩子在生活中参与实践活动，更好地理解和关心他人的需求。

"家庭是人生的第一所学校，家长是孩子的第一任老师。"家长的行为举止、为人处世会对孩子世界观、人生观、价值观的形成产生潜移默化的影响。而青春期的孩子形成正确的价值观是一个复杂的过程，受多种因素影响。父母需要更多的耐心和持久的努力，才能对孩子的生活和社会参与产生积极的影响。

孩子不喜欢别人提建议怎么办

家长朋友们要知道，很多孩子，特别是青春期阶段的孩子，讨厌别人给他提建议，其原因有很多。

青春期，尤其到了高中阶段，是孩子自我认同的建立时期。青少年通常从这个阶段开始，更加强调自己的独立和自主性，他们想要独立决策，并对自己的选择负责。有些高中生会因为年龄的增长，表现出叛逆和抵触心理，他们会倾向于反对别人的建议，无论建议是否有益。

这一阶段的孩子，有着学业压力和社交压力，情绪很容易受到同龄人的影响，他们会担心，如果自己接受他人的建议，看起来会很脆弱或不够自信。

有时候，他们会不信任给予建议的人，认为别人不了解自己的情况或不关心自己的需求。也有的青少年与成年人之间存在沟通障碍，这也会导致他们不愿意听从别人给予的建议。

青春期的讨厌、拒绝采纳别人提出的建议，这必定会给他们的成长带来一些长远的影响，例如，错过学习机会。拒绝听取建议，会让他们错过学习和成长的机会，因为建议通常是前辈基于经验和智慧的分享。同样，不接受建议，也会导致孩子们做出不明智的决策，因为他们没有接受其他人基于实践所得的意见和反馈，也没有参考他人的过往总结出的经验和意见，就无法避免不必要的弯路。

不接纳别人的意见，对于孩子的社交方面也会产生影响。如果孩子拒绝听取朋友或家人的建议，会导致社交关系的紧张，使自己感到孤立。

父母可以采取以下方法，来应对青春期孩子讨厌别人提建议的问题。

首先，尊重孩子的独立性和自主性，让他们有机会自己做出决策。父母可以提供指导和参考意见，但不要过度干预，要建立平等、开放、诚实和尊重的沟通渠道，鼓励孩子分享自己的想法和感受。父母要倾听他们的看法，而不是强加意见。

其次，父母要尊重孩子的决策，并表现出对他们的信任，可以鼓励孩子接受他人的建议，并虚心向别人请教。

最后，父母要为孩子提供支持，让孩子知道他们在需要帮助或面临困难时，可以请求家人支援、依赖家人的支持。

父母要以身作则，展现出愿意接受建议和反馈的态度，从而激励孩子效仿。选择合适的时机和方式，给孩子提出建议，避免在高压或冲突的情况下提出。

即使父母提出了建议，但还是要尊重孩子最终的决策。即便孩子没有采纳父母的建议，也不要表露出对孩子的不满。

父母在给孩子提建议的时候，一定要注意语气和态度，不要用命令的语气去要求孩子，不然，孩子会很反感。

总之，父母要理解高中生讨厌别人提建议的原因，并不断尝试建立开放的沟通和支持系统，这是帮助孩子克服这一问题的关键。

父母可以在平等和尊重的基础上，与孩子合作，父母先要学会观察孩子的言行，了解孩子的想法，站在孩子的角度去看问题，然后再用孩子愿意接受的方式和语言，提出自己的建议。鼓励孩子积极参与决策过程，并在他们需要时提供指导。这有助于建立更健康、更积极的家庭关系，有助于孩子的成长和发展。

孩子不想谈自己的优缺点怎么办

孩子到了青春期,特别是到了高中,讨厌谈论自身的优缺点,这可能有多方面原因。

一方面是自我认同发展原因。青少年正处于自我认同的建立阶段,他们正处于探索自己身份和价值观的阶段。因此,他们可能会觉得自己的优缺点是不稳定和不确定的,不愿意深入讨论。

孩子到了高中,通常会与同龄人进行比较,对自己的外貌、能力和家庭会比较敏感。讨论优缺点,会引起他们不必要的焦虑和竞争。当谈论自身的优点时,孩子会感到自满,而谈论自身的缺点时,他们会感到自卑。社交压力会导致他们回避这种讨论。

另一方面,孩子到了高中会面临许多生活和学业上的挑战,他们不愿意承认或过于讨论自己的缺点,因为这会让他们感到无力或挫败。

那么不愿意讨论自身的优缺点,对孩子会产生哪些影响呢?

首先,自我认知不足。孩子不愿意讨论自身的优缺点,会导致他们对自己的认知不足,难以建立坚实的自我认同。

其次,沟通困难。避免讨论自身的优缺点,会导致孩子在与他人沟通时出现困难,因为他们不愿意表达自己的需求或接受他人的反馈,这必然会产生社交问题。讨论优缺点是建立亲密关系和发展健康的人际关系的一部分,如果孩子不愿意谈论这些问题,那么就会影响他们的社交生活。

最后,不讨论自身的缺点,会让孩子错过自我改进的机会。他们没有机会发现自身的缺点与问题,也就无法改正和解决这些问题。

父母可以采取以下方法,来鼓励孩子欣然接纳自身的优缺点。

其一,鼓励开放的沟通。父母应该建立一个平等开放、诚实和支持的沟通环境，鼓励孩子分享自己的感受、优点和缺点。同时父母可以以身作则，积极展示接纳自身优缺点的态度，这将成为孩子的榜样。父母可以强调每个人都有优点和缺点，重要的是每个人都可以通过自身不断地努力来改进缺点和获得成长。给孩子提供建设性的反馈和指导，帮助他们认识自己的优势和不足，并提供解决问题的策略。

其二，父母可以鼓励孩子进行自我反思，帮助他们更好地了解自己的内在需求和价值观。父母要尊重孩子的独立性，给予他们自主权，让他们自己决定何时以及如何讨论自身的优缺点，并为孩子提供失败和挫折的支持，让孩子学会接纳失败，明白失败是学习和成长的好机会。

俗话说："金无足赤，人无完人。"我们每个人都有自己的优缺点。改正缺点需要有决心、信心、勇气和毅力。改正缺点的过程就是自我完善、自我发展的过程。父母要让孩子感受到父母对他们的爱和接纳，让孩子感受到父母愿意用爱来陪伴、引导接纳他们。帮助孩子欣然接纳自身的优缺点是重要的家庭任务，这需要耐心和理解，却可以对孩子的自尊心和自信心产生积极的影响。

孩子特别敏感怎么办

我们说一个孩子特别敏感其实是包括两个方面的含义：其一是说这个孩子感知能力强，特别容易感知环境中的刺激因素；其二就是孩子容易激发负面情绪，而且反应激烈。这些激烈的负面情绪有时候会指向自己，形成情绪障碍，有时也会指向别人，造成人际关系的冲突。一个孩子高敏感且易激惹，这往往让家长不知道该怎么应对。

那么，哪些因素导致了高敏感的反应模式呢？除先天的气质以外，后天的教育也是重要的诱发因素。

过度关注。父母在日常生活中对孩子衣、食、住、行、学习、健康等各方面过度关注，而且事无巨细地进行帮助、指导和建议，不断激活孩子的反应机能，使得孩子的神经活动时刻处于被动激活状态。这不仅会破坏孩子的专注力，更会增加孩子的情绪化反应，容易激化亲子矛盾。

过度批评。过度关注往往还伴随着过度批评，时时刻刻的批评、指责、否定，让孩子内心非常抗拒，让孩子时刻处于紧绷和防御状态，不断激活斗争防御模式。

孩子特别敏感会造成许多困扰，比如，容易激惹，易造成亲子或者同伴关系冲突；神经系统时刻处于紧绷激活状态，过度反应，容易消耗能量，感觉身体疲惫；大脑思维云集，想法太多，容易造成注意力分散，影响学习等。

面对高敏感的孩子应该怎么办呢？

自我觉察。找到养育过程中的"诱发因素"，比如，过度关注、过度批评等，调整教育策略，用更有耐心、更加温和的方式教育孩子。

取消关注。在孩子力所能及的事情上，让孩子有更多自由、更广空间、更多机会试错，让孩子更加独立。

积极调适。如果已经是初高中的学生，父母要引导孩子认识自己敏感性格的有利因素，比如，敏感的孩子有很强的观察能力、思维能力、感知共情能力，有极强的发散性思维。如果父母给予他们更多肯定，赋予更多适合的任务，则有利于这些孩子的成长。

父母不要总是指责孩子的过度敏感，更重要的是有效指导孩子怎样解读信息、沟通交流和表达负面情绪，把高敏感和易激惹之间的链接打碎，也就是说高敏感没关系，只要不激惹就是可控的。

孩子不懂感恩怎么办

父母总是希望给孩子最好的东西，须知最好的东西就是优秀的品格和良好的家教，而拥有一颗感恩的心，会让孩子获益良多。

如今很多家长反映，孩子不懂感恩。孩子不懂得感恩可能是受到多种因素的影响。

首先，自我中心主义。随着孩子的成长，他们通常在自我认知和自我发展方面经历重大的变化，他们会更关注自己的需求和欲望，而忽视他人的贡献和帮助。

其次，青春期的孩子面临严格的学业要求、竞争和社交压力，这会导致他们过于专注自己的问题，而不关心他人。

最后，在当下的社会文化中，过于强调物质成功和消费，会让一些孩子更加关注物质财富，而不是感恩生活中的非物质贡献。

家庭教育要对孩子的价值观和人生态度产生深远影响。如果孩子没有从家庭中学到感恩的重要性，他们就会表现出不懂感恩的行为。

不懂感恩，会对孩子的成长产生一系列负面效应。

首先，影响人际关系。不懂感恩的孩子，很难建立和维护健康的人际关系，他们不会适当地回应他人的好意和帮助。他们缺乏满足感，不懂得感恩，他们更容易感到不满足和不快乐，因为他们无法欣赏生活中的美好和幸福。

其次，不懂感恩的孩子，更容易表现出以自我为中心和利己主义的行为，这会对他们的职业和社交产生负面影响。

最后，他们不懂分享，感恩与分享和关心他人密切相关，不懂感恩的孩子，会更少关心他人的需求。

那么父母怎么办呢？

首先，示范感恩。父母应该成为感恩的榜样，展现出欣赏他人和事物的行为及态度，通过自己的言行举止为孩子示范，教育孩子学会欣赏，并感恩他人。

其次，培养孩子自我反思。父母要帮助孩子反思自己的生活，引导他们思考谁帮助过他们、什么让他们感到幸福，以及如何回馈社会。

父母可以鼓励孩子积极参加志愿活动，让他们亲身体验帮助他人的乐趣和价值，从而培养感恩之心。同时教导孩子用诚挚的感谢之词来回应他人的善意，例如，感谢老师的辅导，感谢家人的关心爱护，感谢朋友的鼓励和支持等。家庭还可以不定期举行感恩讨论，让每个人分享他们所感恩的事情，从而强化感恩的观念。

最后，在日常生活中，家长要多强调非物质价值，教导孩子珍视人际关系、友情、爱和其他非物质财富的重要性。多鼓励孩子与家人和朋友分享他们的财富、时间和爱，以培养孩子的慷慨和分享的精神。

家庭是孩子第一个，也是永远的学校，父母是孩子第一个，也是永远的老师。父母做到关爱、感恩老人，关心、感激他人，孩子自然会受父母的影响。

让孩子从感恩父母、感恩家人开始，从日常生活的点滴做起。总之，教导孩子感恩是重要的家庭任务，有助于他们建立积极的态度和价值观。父母可以通过言传身教的示范、引导和平等、开放的对话，帮助孩子理解感恩的意义，并将其应用到日常生活中。

孩子总是以自我为中心怎么办

以自我为中心，使孩子无法从他人的角度看待问题，认为其他人的所见、所闻、所感与他相同。这种情况多出现在幼儿阶段。如果孩子到了青春期，甚至高中阶段，还是以自我为中心，那就要引起家长的重视了。

孩子太自我可能有多种原因。

首先，自我认知发展方面。此时，青少年正处于自我认知和身份建立的关键时期，在这个时期，他们会过度关注自己的需求和愿望，因为他们还在探索自己的身份。

其次，高中生通常面临繁重的学业、社交和未来规划的巨大压力，这会使他们更专注于关注自己的问题，而不是关注他人的需求。

另外，这个时期的一些高中生，会过度关注自己的问题，这是为了保护自己免受情感上的伤害。他们认为，过于关心他人的问题，会使自己变得脆弱。

最后，社交媒体和虚拟世界的普及，会导致高中生过度关注自己的外在形象和生活，而忽视他人的需求。

孩子处理问题太自我，会带来一系列影响。

首先，以自我为中心的孩子，可能难以建立健康的人际关系，因为他们不太关心他人的需求和感受，只在乎自己，久而久之可能导致自己被孤立。

其次，以自我为中心的孩子，更容易卷入冲突，因为他们难以理解他人的观点和需求，无法和他人进行良好的互动和交往，这必然会影响他们的友情和社交圈子。

再次，以自我为中心，会让孩子更容易感到焦虑、孤独和不满足，因为他们缺乏与他人建立深层联系的能力。

最后，在职业和学术问题上，过度以自我为中心的态度，对孩子未来的职业发展和学术成功会产生负面影响，因为在工作和学习中，合作和理解他人是至关重要的。

那作为父母该怎么办呢？

首先，鼓励同理心。父母可以通过讨论他人的感受和需求，来培养孩子的同理心，帮助他们学会换位思考，更好地理解和关心他人。

父母可以展示合作和支持他人的态度，以示范出解决问题时应考虑他人的需求。还可以与孩子一起讨论问题，鼓励他们学会反思和理解他人的观点和情感，以获得更全面的解决方案。

教导孩子处理冲突和问题的技巧，如倾听、提出问题、理解立场、寻求妥协等。父母可以分享自己处理问题时，考虑他人需求的经验，以便孩子从中学习。

其次，多鼓励孩子参与志愿活动，这有助于培养他们的社会责任感和同理心。父母要时刻保持开放、尊重的沟通渠道，鼓励孩子分享他们的想法和感受，并提供支持和指导。

孩子进入青春期，已经有了一定的分辨能力，这个时候，家长可以将生活中自己遇到的需要解决的事情讲给孩子听，听听孩子的想法，也让孩子能够理解生活的不易。当孩子表示愿意为家长分忧解难的时候，家长可以多鼓励孩子说出自己的想法，并与孩子讨论，共同想出解决问题的办法。同时，孩子在与家长共同解决问题过程中，不但与家长产生了"革命的友谊"，促进了亲子关系，还学会了解决问题的方式方法，避免变成一个只会读书不懂生活的"书呆子"。

父母通过教育、示范和鼓励，培养孩子的同理心和合作能力，从而帮助他们建立更健康、更积极的人际关系，并为未来的成功打下坚实的基础。

家长如何摆脱盲目比较

很多家长谈到，孩子在进入高中后，学业压力增大，在与同伴群体的比较下，自己家孩子显得处处不如他人，越比越没有自信心，孩子也陷入了低落、自卑、焦虑等自我否认的负面情绪中。

经常拿自己家孩子和别人家的孩子比会产生负面影响：一是不合理的比较可能会让孩子误以为自己笨、能力不足，产生自卑心理；二是孩子会认为爸爸妈妈不喜欢自己，嫌弃自己，亲子关系也会受到影响。

造成这种情况的原因可能和家长过分关注考试、分数和排名，片面解读成绩的意义有关，没有认识到比较可能会影响孩子实力和自信心，导致孩子自我认识不足，孩子的自我价值感降低。

下面我们就来谈一谈家长们应该如何避免盲目比较带来的消极影响，帮助孩子摆脱自我否定，提升自我价值感。

我们来假设一个情境，在某次诊断性考试中，您的孩子考得不是很理想，处于班级中等水平。通常，你会拿孩子和谁比呢？班级第一名？还是差不多的同学？或者最后一名？

其实这就是在进行社会比较。社会比较（social comparison theory）这个概念是由心理学家费斯廷格（Festinger）在1954年提出的，是指在缺乏客观标准时，我们习惯用他人作为比较的尺度来进行自我评价。容易造成认知失调的现象。很多时候，我们总是习惯将孩子和那些非常优秀的人比较，很容易造成孩子"我怎么努力都达不到""我很笨""我一事无成"等自我否定的观念。当目标与现实差距过大的时候，孩子很容易就陷入"躺平""放弃"的状态，这会对孩子的自我价值感造成沉重的打击。

帮助孩子塑造自我价值感，就是要让孩子对自我有更合理的认识，对

"我能行、我可以"有一定的信心。在此，给家长们两点建议。

第一，及时觉察自己陷入了忍不住要比较、越比越难受的困境，帮助孩子关注更全面的信息，如比较对象背后的努力过程以及他的需要，避免盲目比较。

第二，更加科学的比较分为上行比较和下行比较两类，上行比较是和更优秀的人比，有助于提升孩子的能力，但可能会打击信心；下行比较是和不如自己孩子的人比，有助于提升信心，但对能力提升没有贡献。能力和信心谁更重要呢？能力和信心，我们都需要。上行比较和下行比较都有其价值和意义，所以当孩子回来说到"虽然我成绩不是名列前茅，但是总还有十多个同学不如我呢"也不要盲目否定孩子，觉得孩子不上进，不向前看。

科学合理的比较，既肯定他的努力和坚持，鼓励孩子有面对困难的信心，又帮助孩子反思规划和总结提升学习，树立跳一跳够得到的目标，这样孩子的自我认同、自我价值才能慢慢塑造起来。

第二辑

学会学习

02

孩子没有学习兴趣怎么办

孩子缺乏学习兴趣可能有多种原因。

其一，学习兴趣的培养与个体的天赋、性格、家庭环境、学校教育等诸多因素有关。一些孩子可能天生对某些学科或领域不感兴趣，或因为父母及祖父辈的影响，对某些行业或者领域产生偏好或厌恶；又或受到学校环境、教学方法及同学关系等因素的影响而失去了学习的兴趣和动力。

其二，在信息爆炸的时代，现代社会的娱乐方式、信息获取形式多种多样且量极大，孩子们更容易被手机、游戏、电视等媒体吸引，并轻松获取碎片化的知识，而对于传统的学习方式产生抵触情绪。学习内容的无趣、难度过高、教学方法的单一或枯燥乏味、过度的重复训练也可能导致孩子对学习失去兴趣。

缺乏学习兴趣可能导致多种不良后果。例如，学习成绩可能下降，进而影响他们的升学、职业规划和人生走向；缺乏学习兴趣可能导致孩子的学习态度消极，缺乏学习动力，这种消极态度可能会延续到日后的职业生涯中，或在生活中产生回避心理；缺乏学习兴趣还可能导致孩子对知识获取缺乏兴趣，影响他们的综合素质和社会适应能力的提升。

面对孩子缺乏学习兴趣的情况，家长可以采取以下方法来引导孩子对学习产生兴趣。

1. 了解孩子的兴趣和特长

家长应该耐心倾听孩子的想法，了解他们的兴趣，在生活中多关注孩子关注的人、事、物，了解他们喜欢的事物和领域。有时候，孩子可能对某些特定的学科或活动有浓厚的兴趣，家长可以鼓励孩子在这方面进行深入学习。

2.提供丰富多样的学习体验

家长可以为孩子提供丰富多样的学习体验，包括参观博物馆、参观艺术展览、观看科学实验等，让孩子从不同的角度感受知识的魅力，了解科学运用到实际生活中的便利，感受通过艺术抒发情绪情感的优雅形式，激发他们的爱好和学习兴趣。

3.鼓励实践和探究

孩子可能更容易对实际操作和探究活动产生兴趣。家长可以鼓励孩子参加实验、手工制作、户外探险等活动，让他们通过实践掌握知识，培养学习的兴趣。

4.设定小目标和奖励机制

家长可以和孩子一起设定小目标，例如，每周完成一定的学习或者生活任务，并在遇到困难时及时给予帮助和指导，在目标达成后给予适当的奖励，这样可以增加孩子学习的动力。

5.创造良好的学习环境

家长可以为孩子创造一个安静、舒适、整洁的学习环境，提供足够的学习资源和学习渠道，包括书籍、文具、学习工具等，让孩子在良好的环境中进行学习，在学习遇到困难时适当让孩子主动寻求家长、老师、同学或者网络的帮助来解决难题。

最重要的是，每个孩子都是独特的个体，他们的学习兴趣和发展节奏各不相同。家长应该保持足够的耐心和信心，根据孩子的爱好和适宜发展的节奏激发孩子的学习动力，打开孩子学习内驱力的阀门。家长通过正确的引导和关爱，让孩子们可以逐渐发现自己的潜力，并在自己擅长的领域建立起对学习的兴趣，这样才能长久地坚持和发展，实现全面、健康、快乐的成长。

孩子在学习上出现畏难情绪怎么办

学习畏难情绪，指在面对学习时专注力低、习惯性拖延、逃避甚至放弃学习。帮助孩子克服畏难情绪，首先要明白畏难情绪产生的原因。

1. 学习压力过大

高强度的学业压力可能导致孩子害怕失败，觉得无法完成学习任务，如反复的强化训练方式和超负荷的学习时间，让孩子压缩睡眠及休息时间，导致孩子心理压力过大而产生畏难情绪。

2. 自信心不足

学习方式方法的欠缺，会让孩子做得多错得多，反复为之，导致自信心受损，孩子可能对自己能力产生怀疑，怀疑自己是否能够完成学习任务，是否能够学好，是否能够达到老师和家长的期望，因此退缩害怕尝试。

3. 对失败的恐惧

孩子可能害怕失败，害怕被批评或嘲笑。这种对失败的恐惧会使他们远离可能导致失败的学习活动。

4. 固定思维

孩子可能认为自己的能力是固定的，无法改变。当遇到困难时，他们可能会认为自己无法克服，因此选择逃避。

5. 学习方法不当

孩子可能没有合适的学习方法，一直在探索中，遇到困难不知道如何有效地面对和解决，无法寻求帮助，导致畏难情绪的产生。

孩子有畏难情绪时，可能表现出以下行为。

1. 逃避学习任务

孩子可能会刻意回避与学习相关的活动，避免面对可能的挑战，如学习探讨、探险活动等。

2. 拖延行为

孩子可能会拖延完成学习任务的时间，以此来推迟面对困难的时刻，如将作业放在假期的最后两天完成，从而导致作业质量下降。

3. 抱怨和借口

孩子可能会频繁抱怨学习任务太难，找各种借口逃避学习，如没有合适的学习工具或者指导老师。

4. 身体不适

孩子可能会出现头痛、胃痛等身体不适的症状，以此为理由逃避学校或学习。

5. 降低期望

孩子可能会降低自己的期望，不再追求更高的学业成绩，以避免可能的失败，失去学习动力。

当孩子有畏难情绪时，父母可以采取以下方法来帮助他们。

1. 倾听和理解

父母应该积极主动倾听孩子的感受、困扰和需求，理解他们的恐惧和焦虑，建立起与孩子的有效沟通，让他们感受到支持、关心和爱护，并及时给予帮助和支持。

2. 树立积极心态

帮助孩子树立积极的心态，教育他们面对困难时应该积极乐观，相信自己的能力，认识到挫折只是成长的一部分。

3. 设定小目标

帮助孩子设定小目标，一步一步地克服困难。每当他们完成一个小目标时，会增加一部分自信心，此时家长应该鼓励他们继续努力。

4. 提供支持和鼓励

给予孩子足够的支持和鼓励，让他们知道家人相信他们的能力。家长的支持和鼓励可以增强孩子面对困难时的勇气。

5.教导解决问题的方法

教导孩子学习问题解决的方法，培养他们面对困难时冷静思考和解决问题的能力，这包括制订合理的学习计划、寻求帮助、改变学习策略等。

通过以上方法，父母可以帮助孩子积极面对学习生活中的困难，培养他们的勇气和自信心，提升孩子在学习生活中遇到困难的逆商，有效地解决实际发生的困难，让他们在学习中更加坚强、自信、快乐地成长。

家长辅导作业时容易发脾气怎么办

家长在辅导孩子做作业时容易发脾气可能有多种原因。

首先,家长可能受到自身和社会的压力,担心孩子的学业成绩会影响他们的未来,过度提前担忧焦虑。这种担忧可能导致家长在辅导孩子作业时表现得紧张和焦虑,进而容易发脾气。

其次,家长可能对孩子的学习要求过高,期望孩子在短时间内完成作业,当孩子无法满足这种期望时,家长可能会产生不满和愤怒的情绪,进而对孩子表现出不耐烦、不信任的态度。

最后,家长可能缺乏耐心和有效的教育方法,当孩子出现错误或不理解时,家长可能无法耐心引导,或者缺乏一起寻找解决问题的方法的耐心,而选择发脾气来表达自己的不满和担忧。

家长在辅导作业时发脾气可能对孩子造成多种负面影响。

首先,孩子可能会产生厌学情绪,认为学习是一种痛苦和压力。这种心态会影响到孩子对学习的兴趣和积极性,甚至导致对学习的抵触情绪,丧失学习动力。

其次,孩子可能会降低自信心,因为家长的脾气会让他们感到自己无法满足家长的期望,从而影响他们的自尊心、自信心及社交能力。

最后,家长发脾气还可能导致家庭关系紧张,加剧家庭氛围的压抑和不和谐,让孩子和家长之间产生矛盾及沟通障碍。

家长为了避免在辅导作业时发脾气,可以采取以下方法。

1. 制订合理的学习计划

家长可以和孩子一起制订合理的学习计划,劳逸结合,让孩子有充分的休息时间,避免任务过重和时间安排过紧。合理的学习计划可以减轻孩子的压力，适当的休息可以缓解疲惫和压力，降低家长发脾气的可能性。

2.耐心引导

家长在辅导作业时应该耐心引导，让孩子明白知识需要反复练习，不要期望孩子一下子就能理解和完成所有内容。如果孩子犯错，家长可以耐心纠正，解释错误的原因，并帮助他们改正。

3.肯定孩子的努力

家长不仅要关注孩子的成绩，还要肯定他们的努力。无论成绩如何，只要孩子付出了努力，家长都应该给予肯定和鼓励，让他们感受到自己的价值，从而建立良好的自信心和自我价值认同感。

4.鼓励自主学习

家长可以鼓励孩子自主学习，提供必要的支持、条件和资源，让他们学会独立思考和解决问题，在自主训练中强化知识储备。自主学习能够增强孩子的学习动力和自信心。

5.提供帮助

如果孩子遇到困难，家长可以提供帮助，但要尊重孩子的学习独立性。家长可以提供一些学习方法和指导，帮助孩子更好地完成作业，并在孩子取得一定进展时，积极表扬和肯定。

6.保持良好的沟通

家长和孩子之间应该保持良好的沟通，了解彼此的想法和需求。如果孩子在学习上遇到问题，他们应该认为可以随时向家长求助，而不是害怕被责备而选择放弃或者逃避。

通过以上方法，家长可以在辅导作业时保持冷静，通过平等有效的沟通方式创建积极的学习氛围，并通过提供辅助工具等形式，帮助孩子更好地完成学业，同时促进家庭关系的和谐发展。

孩子不愿意预习怎么办

预习作为一种重要的学习习惯，对于培养孩子的自主学习能力尤为关键。但在实际生活中，我们不难发现，孩子有时候并不愿意预习。想要解决这个问题，我们需要找到孩子不愿意预习的原因。

首先，有的孩子甚至是家长可能都误解了预习，将预习等同于提前学习，要把所有内容学懂学透，这样预习不仅难度大，耗时长，甚至还会影响课堂学习的兴趣，所以孩子不愿意去做。

其次，还有的孩子可能是因为缺乏监督和反馈，小学中高段的孩子正处于他律到自律的重要转变时期，预习是一种具有灵活性的要求，过程监督和效果反馈都比较困难，所以孩子容易忽略。

最后，还有可能是因为缺乏有效的方法，家长常常对孩子提出要求，比如"快去预习，预习很重要"，但是却没有教给他们有效的方法，导致了孩子出现"因为不会，所以不想"的消极心理。

了解原因之后，家长可以试着从意识和行为两个方面帮助孩子。

首先，意识激发，引导孩子认识到预习可能带来的好处。

其实预习的本质是做好准备，带着问题学习。拥有预习习惯的孩子，不仅能在课前发现已有知识结构中薄弱的部分，并且在课前补上为听课扫清障碍；还能发现新课的难点，带着问题听课，求知欲也变得更强。同时拥有预习习惯的孩子摆脱了被动式学习，掌控学习的主动权，提升独立思考能力，对他们来说，意义重大。

其次，激发起孩子预习的愿望后，家长可以帮助孩子掌握预习的方法。

如果孩子刚开始尝试预习，家长可以小步推进，减少孩子的畏难情绪。比如，从他喜欢的科目开始，和老师沟通预习的方法并与孩子一起讨论具体如何执行，指导孩子预习并鼓励孩子坚持。当他掌握一定的预习方法并感受到预习带来的好处后，再逐渐增加预习的科目，以此减少因缺乏方法和学习时间增加而带来的畏难情绪。

最后，统筹安排，放大预习功能。

从预习开展时间来看，预习可以分为假期预习、周末预习、前日预习和课前预习。孩子预习时，可以充分利用这些时间段的特点，统筹安排。比如假期预习可以让孩子利用思维导图的方式，对下学期的学习内容进行整体的了解，知道要学习哪些重要的知识点，做到心中留痕；周末预习则是对下周将要学习的内容做好准备，通过勾画标注等方式做到书中留痕；前日预习时可以做好旧知储备，新知激活，做到疑问留痕。

当然一种习惯的养成，不是一蹴而就的，过程中可能会出现反复和困难。这个时候就需要父母的提醒和鼓励。这里需要注意的是提醒的方法，注意减少负面的评价，如"你怎么又不预习？"而是积极引导，如"明天的英语课，会学到几个单词呢？""下周的数学课，会讲哪些知识点呢？"特别是发现孩子有主动预习行为时要及时鼓励，并有意识地将学习效果的提升与良好的预习行为结合起来。

孩子没有学习内驱力怎么办

我们是否经常会听到身边的人说:"我家孩子每天回家就知道玩,写个作业一定要一催再催才磨磨蹭蹭地去做,并且学习效果很差。"这是什么原因呢?其实是孩子没有学习内驱力导致的。小学阶段的孩子没有学习内驱力可能有几个原因。

首先,生理方面的原因。小学阶段的孩子年龄尚小,自身的注意力、意志力和自控力等都还在发展中,他们还没有完全明白学习对于他们的意义是什么,就很难在一个时间段内进行专注的学习。

其次,心理原因。孩子可能对学习没有兴趣,或者对学习有错误的认知,认为自己还小,学习也不急于一时,并且觉得学习是一件枯燥无味的事情,一点都不好玩。此外,一些孩子因为各种原因,缺乏自信,认为就算自己认真学习了,也无法取得好成绩,因此慢慢就失去了学习的动力。

最后,环境的原因。家庭环境、学校环境和社会环境等都可能影响孩子的学习内驱力。例如,父母没有给予孩子足够的关注和支持,老师的教学方法不适合孩子,或者孩子受到同伴的影响等。

如果孩子没有了学习内驱力,长此以往可能会导致以下结果。

第一,学习成绩下降,孩子会失去对学习的兴趣,导致成绩逐渐下滑。

第二,孩子的自信心会受影响,认为自己不是学习的好苗子,无论怎么做都得不到别人的认可,还会被指责没有努力,不认真学习,因此变得越来越没有自信。

第三,产生厌学情绪。孩子会对学习产生反感,甚至拒绝学习,认为就算付出了也不会得到自己想要的结果,不想承受糟糕的后果,宁愿不做,那就干脆不学了。

为了培养孩子的内驱力，父母可以采取以下措施来提升这个阶段孩子的学习内驱力。

第一，父母要用成长的心态来面对孩子。了解孩子成长各时期的特点，了解孩子现阶段的学习情况，给予足够的关注和支持，帮助孩子建立自信。及时肯定孩子身上用于解决问题的切实努力和他们想到的各种想法，而不要只表扬结果，要重过程而非结果。

第二，给孩子自主权。让孩子享有自主选择的自由，只有孩子自己选择的他才会更愿意去做，这对于建立内驱力是非常重要的。在孩子做的过程中，要不断鼓励他，让他觉得自己有能力做好这件事。无条件地陪伴在孩子身边，在他遇到困难时陪伴他，让孩子有归属感。

第三，制订合适的学习计划。父母可以与孩子一起制订适合自家孩子的学习计划，让孩子有目标地学习。目标感能很好驱动孩子去做一件事，他们会想要为了一个目标去努力，父母就去鼓励这种努力。

第四，给予适当的奖励和激励。父母可以给予孩子适当的奖励和激励，例如，赞扬孩子的进步或者给予一些小奖励，需要注意的是赞扬孩子的时候一定要具体到是什么样的进步。

孩子觉得学习难度加大怎么办

到了小学高年级，随着学科知识的逐渐增多和学习难度的逐渐增加，孩子在学习上会迎来更大的挑战和压力，他们需要面对更加复杂、抽象和深入的知识内容。这种学习难度的大幅增加可能会对孩子的学业成绩和学习兴趣产生影响。有的孩子会产生畏难情绪，开始逃避学习，或者放任自流，家长看着干着急也不知道怎么来进行干预，下面我们就来探讨一下，要怎样找到合适的协助方法，来帮助孩子克服这些困难。

学习难度的增加有以下几个原因。

1. 知识的深入

高年级的学科知识更为深入，需要掌握的知识点更多，涉及的概念和技能更加复杂。

2. 抽象性增加

学科内容逐渐变得更加抽象，需要学生具备更高级的逻辑思维和抽象思维能力。

3. 自主学习

学校教育逐渐鼓励学生进行自主学习，需要学生具备更强的自学能力和问题解决能力。

如果让孩子一直觉得学习很难，会对孩子的学习产生很大的影响，主要表现在以下三点。

1. 学业压力增加

孩子可能因为学业压力增加而感到焦虑和紧张，影响学习兴趣和积极性。

2. 学习成绩下降

如果孩子不能及时适应学习难度的增加，可能会导致学习成绩下降，影响升学和未来的发展。

3. 学习动力下降

长期面对困难，孩子可能会失去对学习的兴趣，学习动力下降。

那么，父母可以从哪些方面来协助孩子，更好地帮助他们度过这个阶段呢？

1. 建立良好的学习习惯

父母和老师可以帮助孩子建立良好的学习习惯，包括定时写作业、合理规划学习时间、做好学习笔记等。良好的学习习惯会陪伴孩子终身。

2. 激发学习兴趣

老师和父母可以通过丰富多样的教学方法和教材，激发孩子的学习兴趣，使学习变得更加生动有趣。除了学科知识，还要多鼓励孩子参与体育、艺术、科技等兴趣活动，培养他们的综合素质。

3. 培养解决问题的能力

孩子在成长，父母要有意识地培养孩子解决问题的思维和能力，很多孩子一遇到问题就只会用哭来发泄情绪，这种表现是非常不好的。父母要让孩子明白，人生的路途中会遇到各种各样的问题和困难，有问题不可怕，只要有解决问题的信心和能力，那么我们就会淡定从容，战胜所有的问题和困难。

4. 提供情感支持

父母要给予孩子足够的情感支持，给孩子更多的接纳、理解与包容。孩子觉得学习很难，本身压力已经很大了，时常会产生挫败感，但父母要知道，孩子并非是不努力或不愿意学习，所以父母要更好地共情孩子的不容易，孩子放学回家后，尽量为他们营造轻松、愉快的家庭氛围，减少孩子的精神压力。在孩子取得进步时，父母要及时给予赞扬和鼓励，以提高他们在学业上的成就感，增加自信心。

通过以上方法，父母和老师可以协助孩子应对学习难度的增加，提高孩子的学习能力，为将来的发展打下坚实的基础。

孩子学习总是拖延怎么办

经常有妈妈向我抱怨:"孩子以前学习还算积极,可近来越来越拖拉,作业总是拖到很晚才勉强完成。"这位妈妈的问题,很多家长都有体会。孩子的学习拖延问题不仅影响学业成绩,还可能影响孩子的学习积极性和自我认知。那么,我们先探讨一下引起拖延的原因。

1.学习任务重

当孩子面临更多、更复杂的学习任务时,可能会感到压力过大,进而产生拖延心理和行为。

2.缺乏学习计划

孩子可能没有良好的学习规划和时间管理意识,导致任务积压,进而拖延。

3.注意力不集中

学生可能因为外部环境或内部因素(如焦虑、分心等)导致学习时注意力不集中,难以集中精力完成任务。

"拖延症"对孩子造成的影响是很大的。

1.学业成绩下降

拖延可能导致作业质量下降,影响考试准备,最终影响学业成绩。

2.增加学习压力

拖延导致任务积压,使得在最后期限前需要面临巨大的学习压力,影响学习效果。

3.自信心下降

反复拖延可能导致孩子自信心下降,产生负面自我评价,影响学习动力。

那么,父母应该怎样去引导孩子呢?

1. 培养良好的时间管理习惯

父母要教导孩子合理安排学习时间，区分紧急和重要的任务，提高学习效率。有三个小窍门提供给大家参考，第一个小窍门是节约的时间归自己。如果提前高质量完成学习任务，千万不可再追加作业，而是该表扬鼓励。这样孩子会抓紧时间完成作业，早写完就有很多时间玩儿了。爱玩儿是孩子的天性，如果孩子没有了玩耍的时间，也就没有了自觉的行为。第二个小窍门是定闹钟。限定学习时间，看看孩子做作业大概需要用多长时间，到时间就完成，不能无限制地拖拉。这样做使孩子具有一定的紧迫感，加强了注意力，最终使学习效率得以提高。第三个小窍门是培训孩子像考试一样认真做作业。考试是限时完成，完不成也得交卷。父母在家里，试着把作业当成考试一样，限时完成。在这种长期的锻炼下，孩子会养成一拿到作业就快速开始答题的习惯。

2. 排除干扰事项

孩子注意力不集中，很容易被其他事物吸引，这就会影响到孩子做作业的速度。比如，孩子在学习，客厅里却响着电视的声音，他的心就神游到电视里去了。因此，孩子在学习时家里要尽量保持安静，关好门窗，排除与学习无关的一切因素，使孩子能专心投入学习中。作为父母要以身作则，展现出良好的学习习惯和态度，成为孩子学习的榜样，陪伴孩子做作业时，不能在旁边玩手机，最好是能看书。

3. 关心孩子的情绪

随时注意孩子的情绪变化，了解他们的焦虑和压力，提供情感支持和倾听。

学习拖延是孩子常见的问题，但通过科学的引导和家庭的支持，孩子可以克服这一困难，建立良好的学习习惯，提高学习效果，为未来的发展打下坚实基础。

预习是好习惯，孩子做不到怎么办

如果将学习分为预习、上课、整理复习、作业练习四个环节，那么那些学习中等偏下的孩子，成绩跟不上的很大原因就在预习这个环节。预习是提高学习效果的关键环节之一。然而，很多孩子不喜欢预习，这可能影响他们的学业成绩和学习习惯。今天我们一起来探讨孩子不会预习的原因。可能带来的影响，以及父母可以采取的科学的引导方法。

一般来说，孩子不会预习的原因有以下几点。

1. 缺乏自觉性

孩子可能认为预习是额外的负担，缺乏自觉去进行。

2. 兴趣不足

孩子对即将学习的内容没有足够的兴趣，导致不愿意提前了解。

3. 学习习惯的问题

有的孩子可能没有形成良好的学习习惯，不知道预习对学习的重要性。

那么，不会预习的影响有哪些方面呢？

1. 学习成绩不理想

不会预习可能导致孩子在课堂上跟不上老师的教学进度，影响学习成绩。

2. 课堂效率低下

没有预习的学生可能需要在课堂上花费更多的时间理解新知识，从而影响课堂效率，延长知识的吸收时间。

3. 学习动力降低

长此以往，学生可能因为学习困难而失去信心，学习动力降低。

那么，重点来了，作为父母，我们该怎样进行引导呢？

1. 培养学习的兴趣

父母可以引导孩子发展与学科相关的兴趣,增加其对知识的好奇心,提高预习的积极性。还可以和孩子一起制定预习的小目标,每次完成后给予适当的奖励,激发他们的动力。

2. 提供资源支持

为孩子提供丰富的学习资源,如图书、教育软件等,让他们在预习时能够找到合适的资料。帮助孩子建立适合自己的预习方法,如抓重点、制订学习计划、运用思维导图等。另外,还要培养孩子的自主学习能力,鼓励他们在预习时提出问题,并自行寻找答案。及时与孩子沟通,跟孩子一起共同发现和解决预习中出现的问题。要量力而行,如果预习负担过重也会对孩子的身心健康造成不利的影响,家长要多关注孩子的身心状态,及时调节,给予孩子心理上的支持。

3. 合理安排时间

帮助孩子合理安排每天的学习时间,提高学习效率,并且能预留出时间进行预习,避免临时抱佛脚。

每个孩子的学习基础不一样,预习的需求也就不一样。对于学习基础比较差的孩子,家长要降低门槛,比如,把课文读熟、标出生字和不理解的词句等;对于学习较好的孩子,可以多引申一些课外的知识点,并给出自己的解答技巧,全面拓宽孩子的知识面。

4. 及时反馈

父母可以定期与孩子交流预习的情况,及时给予反馈和建议,鼓励他们继续努力。父母的表扬对于孩子来说非常重要,父母在表扬的过程中不要使用笼统的话,要尽量详细一点、真诚一点,因为孩子能够感受到父母是否是发自内心在表扬他们。

父母在孩子的学习过程中扮演着重要角色,通过以上引导方法,可以帮助孩子树立预习的意识,提高学习效率,养成良好的学习习惯,为今后的学业发展奠定坚实的基础。

孩子出现厌学情绪怎么办

随着孩子年龄的增长，学习难度的增加，他们在学习上可能会遇到各种挑战和困扰，从而产生厌学情绪。出现这种情绪可能有很多原因。

1. 学业压力大

随着学科的增多，内容难度也逐渐加大，孩子需要面对更多的考试和作业。学业压力过大可能让孩子感到无法承受，从而产生厌学情绪。

2. 自我认知问题

孩子可能因为自身学习困难产生自卑感，进而产生厌学情绪。如果没有得到及时的支持和帮助，他们可能会感到沮丧、无助，进而产生厌学情绪，失去学习的动力。

3. 家庭环境问题

家庭环境对孩子的学习态度和情绪有很大影响。如果家庭缺乏学习氛围，或者家长对学习不重视，孩子可能也会对学习失去兴趣。

4. 社交问题

朋友关系、同学关系等社交问题可能影响孩子的学习积极性。如果孩子在学校遭受欺凌或者没有朋友，也可能导致他们对学习产生厌恶情绪。

当孩子对学习产生厌恶情绪时，他们可能不再努力学习，缺乏对学习内容的理解和掌握，从而影响他们的学业成绩。同时，孩子的厌学情绪可能影响他们与同学和老师的关系，他们可能变得孤立和退缩，不愿意参与课堂讨论和团体活动。这种社交问题可能导致他们在学校里感到孤独和被排斥，进一步加剧他们的厌学情绪。

此外，孩子的厌学情绪可能导致他们对自己的能力产生怀疑，他们可能觉得自己无法应对学习任务和挑战，从而降低了自信心。

长期来看，持续的厌学情绪可能引发焦虑、抑郁等心理问题。不良的学习态度可能影响孩子未来的职业规划和发展。如果他们没有克服厌学情绪并重新建立对学习的兴趣和动力，他们可能无法充分发挥自己的潜力，最终会限制他们的职业选择和发展机会。

在面对孩子的厌学情绪时，父母可以考虑以下建议和方法。

（1）创造一个支持和鼓励的学习环境，让孩子感到学习是有趣和有意义的。与孩子一同制订学习计划及学习目标，并提供适当的学习资源和辅导，确保学习任务合理分配，避免过度压力。教导孩子如何有效地组织学习时间和任务，协助孩子掌握学习方法和技巧。

（2）尊重孩子的意见和选择，鼓励他们参与学习决策的过程。告诉孩子学习是为了自身的成长和未来的发展，而不是单纯为了应付考试，鼓励孩子追求知识和个人成长。

（3）鼓励孩子发展自己的兴趣和爱好，并将其与学习内容相结合。通过参与感兴趣的活动，孩子可以发展自己的兴趣，增加学习的乐趣和动力，不要将精力局限于课本的学习，这也有助于缓解学习压力。鼓励孩子主动寻求帮助，并为他们提供适当的支持和指导，解决他们在学习中遇到的困难和挫折。如果发现孩子长期情绪低落，应该考虑寻求专业的心理帮助。

最重要的是，父母应该与孩子建立良好的沟通渠道和信任关系，关心孩子的情绪变化，理解和倾听他们的想法和感受，帮助他们克服学习困难，建立自信心，提高他们的学习效果和学习满意度，从而让他们更积极地面对学习。

孩子没有时间观念怎么办

很多孩子存在做事不守时、散漫、拖拉等现象，不知道一年有几个季节，今天是几月几号，这是缺乏时间观念的表现。孩子缺乏时间观念可能有多种原因。

1. 成长阶段的特点

孩子进入青春期，生理、心理上发生较大变化，对时间的感知和管理能力还未完全发展。

2. 学业压力

学业压力增加，可能导致孩子在学习上过于专注，对其他活动的没有时间观念。

3. 技术依赖

现代科技的发展，智能手机、电脑等媒介可能让孩子陷入其中，容易迷失在虚拟世界，难以觉察真实时间的存在。

4. 缺乏目标和规划

缺乏目标和规划意味着孩子不知道时间该如何分配，可能导致时间的浪费和不当利用。

孩子没有时间观念可能会导致以下问题。

1. 学业受损

时间观念不强会导致作业拖延，考试准备不足，影响学业表现。

2. 作息受影响

不懂得合理利用时间可能导致生活作息混乱，影响身体健康。

3. 社交问题

时间观念不强可能让孩子迟到、失约，影响人际关系。

4.缺乏自律

时间观念不好的孩子可能缺乏自律性,难以坚持做某项活动或任务。

培养孩子的时间观念对于他们的学习和生活至关重要。

在日常生活中,父母可以鼓励孩子自主管理时间,并提供适当的支持和指导,帮助他们学会设定优先级,合理安排任务的顺序和时间。

具体来说,父母可以与孩子一起制订学习计划,包括课程、作业、复习和休息的时间安排等。将学习任务分解为小步骤并设定截止日期,以确保任务按时完成。在计划制订过程中,父母要教导孩子合理安排时间,平衡学习和休息,避免过度压力和疲劳;帮助孩子学会有效利用碎片时间,如在地铁上回顾学习内容或利用午休时间完成作业;向孩子提供时间管理工具来组织和跟踪任务,如使用日历、提醒应用程序或待办事项清单。

同时,父母可以鼓励孩子参与多样化的活动,如体育运动、艺术创作、社交互动等。让他们在学业之余有更多的生活体验,帮助他们学会分配时间,平衡学习和兴趣爱好,从而培养时间观念。

此外,父母要向孩子展示良好的时间管理习惯,例如,按时完成工作、保持健康的生活作息等。通过自己的行为,向孩子展示如何有效地利用时间,并养成良好的时间观念。父母还可以和孩子一起讨论时间的珍贵性和不可逆性,让他们明白时间是有限的资源,一旦浪费就无法回收。通过讲述故事、分享经验或提供实例等帮助孩子认识到时间的重要性,从而激发他们珍惜时间的意识。

需要特别注意的是,时间观念的形成需要长期的引导和支持。在孩子形成良好的时间观念之前,父母需要耐心地引导孩子,帮助他们逐步养成良好的时间观念。在这个过程中,要理解孩子可能会遇到的困难和挫折,创造开放、温暖的沟通环境,给予他们支持和鼓励。通过持续的引导和反馈,帮助孩子逐渐建立起自己的时间管理模式。

通过以上方法,父母可以帮助孩子树立正确的时间观念,提高他们的自律性和时间管理能力。这样的支持和引导有助于孩子更好地利用时间,提高学习效率,平衡学习与其他活动,从而更好地应对学习和生活中的各种任务和挑战,为他们未来的学习和生活打下坚实的基础。

孩子觉得学习压力大怎么办

进入初中阶段，孩子突然感觉学习压力增大，可能有多个原因。

从小学过渡到初中，很多孩子会发现初中的学习方式和老师的授课方式与小学有极大的不同，而且初中的知识难度比小学有了极大的增加。小学可以比较轻松应对的知识，到了初中就需要付出更大的努力才能学懂。孩子没有掌握有效的学习方法和策略，导致学习效率低下，而且许多孩子从初一开始就面临中考的压力，学习的负担过重也让他们感受到极大压力。

进入初中后，不仅是有些孩子没有调整好自己的心态和状态，很多父母也没有调整好自己的心态，依然沿用小学的管教方式。父母本来就对孩子的期望过高，希望他们能够在学习上取得好成绩，要是孩子没能满足父母的期望和要求，父母会更加严厉，这些都会让孩子感到很大的压力。

初中阶段的孩子正处于青春期，情绪波动也比较大，学习压力会成为情绪问题的导火索。

长期学习压力大会给孩子带来以下后果。

首先，过大的学习压力让孩子无法集中精力学习，导致学习成绩下降。学习成绩下降容易影响孩子的自尊心和自信心，觉得自己学不好了，就更不想学习，陷入恶性循环。最后出现厌学、拒绝去学校的情况。

其次，学习压力过大，加上父母的不理解，导致孩子容易出现焦虑、抑郁等心理健康问题，影响他们的情绪和心理健康。

最后，过大的学习压力会让孩子无暇顾及社交活动，导致社交能力不足。社交关系差又容易导致孩子在学习上分心，更加无法专心学习。

为了缓解孩子的学习压力，父母可以尝试以下方法。

首先，父母需要了解孩子的实际学习情况和学习潜力，调整对孩子的期望值，避免存在过高或过低的期望。不要总是觉得是因为孩子不努力成绩才不理想，要看到孩子在学习中遇见的困难，提供给孩子必要的学习支持和指导，帮助他们掌握有效的学习方法和策略，提高学习效率，同时也要看到孩子在学习上的付出，及时给予肯定，增加他们的成就感。

其次，父母需要关注孩子的情绪状态，及时发现和解决孩子的情绪问题，帮助他们建立积极的情绪状态。定期和孩子沟通交流，了解他们的学习情况、困难和压力，帮助他们寻找解决问题的方法。

最后，父母可以和孩子一起，参加孩子感兴趣的课外活动，带他们去一些他们想去的地方旅行，经常和他们一起出去聚餐、看电影或者做一些有趣的家庭活动，帮助他们放松身心，减轻学习压力。

开学了，孩子还没有进入学习状态怎么办

说到新学期开学，相信很多家长都有过这样的担心：假期里孩子轻松自由的生活状态，或沉浸网络和游戏，或走亲访友、外出旅游，作息时间不规律、学习休息时间自由，刚一开学，孩子还没有调整好身心状态，面对规律、紧张的学习，孩子很可能感到不适应，表现出学习内动力不足、情绪低落、烦躁抱怨，甚至"躺平"的状态，这让很多家长很是着急。其实我们每个人在面临环境变化的时候，或多或少都会存在适应期，我们怎么做才能够帮助孩子尽快调整好心态，突破自己的舒适圈，从假期模式切换到学习模式呢？

心理学上有这样一个舒适圈理论，即按一个人学习事物的感受等级分成舒适圈、学习圈和恐慌圈。当我们采用习惯性的行为模式完成任务时，会感到舒适、放松、有掌控感，这叫"舒适圈"；"学习圈"是在舒适圈的外围，虽然刚开始有压力或者不习惯，但通过努力能够掌握技能或完成任务。而"恐慌圈"是最外层，指超出能力之外的任务，会让人压力很大，感到恐慌。

那么您的孩子目前的状态是处在三圈中的哪一个位置呢？反过来，什么样的位置是最优的位置呢？其实，开学季，孩子还处在从舒适圈向学习圈突破的边缘，如果步子迈得太大，他可能会遭遇很大的压力，当动力和意志力不足以支撑的时候，潜意识就纵容孩子退回到舒适圈。所以，我们推荐给家长们一个能永久拓展舒适圈界线的方式——微习惯策略来帮助孩子突破舒适圈。

微习惯策略就是分解目标，一点点改变，每天向学习圈迈出一小步。只要在实现了微目标后，获得积极反馈，孩子就能更有动力支持自己不断向外

探索，最终达到舒适圈和学习圈不断拓展的状态。

那么我们具体应该怎么做呢？开始行动之前，家长朋友们要帮助孩子调整好情绪，接纳从"舒适圈"到"学习圈"可能产生的焦虑情绪，告诉孩子焦虑是正常的，提高学习效率，增加"学习圈"的延展效应，这才是缓解焦虑最有效的方法。

第一步，选择要做出改变的目标任务，纳入日程安排表。任务要求：具体、微量、可量化。如每天睡前10分钟，总结回顾今天的学习情况。周二、周四晚自习后跑步，每次4圈等。

第二步，记录跟进。每天睡前检查当天任务的完成情况，如果是以周为单位的任务计划就安排在周末检查反馈。

第三步，奖励回报，提升成就感。每周任务完成后，给自己一个小奖励，提升内动力，如奖励自己一句话、一个小零食等。

第四步，规划制订下一个目标任务。

最后，提醒家长们的是，在实际生活中，孩子们往往是三分钟热情，坚持才是最重要的，家长们积极的鼓励和正面反馈非常重要，可以帮助孩子获得开学的自我掌控感，朝着自我实现的目标不断前进。

孩子觉得落差太大怎么办

孩子在结束小学学习，刚进入初中的阶段经常会感受到巨大的学业和生活压力，这种压力源于很多方面，会导致他们觉得小学和初中之间存在着巨大的落差。

进入初中后，学生需要学习更多的学科，而且学科知识逐渐增多和复杂化，且难度大幅提高。同时，初中学生面临更多的考试、更多的作业和更高的要求，这也大大增加了学业压力。

进入初中后，同学关系可能变得更加复杂，孩子需要适应新的社交环境，建立新的友谊，可能会给孩子带来社交压力和不适感。

初中的学习方式和小学不同，更强调自主学习，需要学生具备更强的学习自觉性和自主管理能力，这对某些孩子来说也是一个很大的挑战。

如果孩子感受到巨大的落差且无法快速消化适应，可能会导致自信心下降，对自己的能力产生怀疑，影响学习积极性，也可能因为觉得学习太难而失去学习的动力，影响学习成绩。在各种影响的叠加下，孩子可能会出现情绪波动，焦虑、压力、挫折等负面情绪会困扰着孩子，被困扰的孩子如果不愿意与父母沟通，会导致父母也跟着紧张起来，整个家庭氛围变得焦虑紧张。

为了帮助孩子应对这些影响，父母可以提供以下支持和指导。

首先，父母要愿意倾听孩子对小学和初中之间落差的感受，提供支持和理解。了解孩子的困惑和挑战，给予他们情感上的支持和鼓励，让他们感到自己不是孤单的，可以和爸爸妈妈一起共同面对这个过渡阶段。

其次，父母可以鼓励孩子保持积极乐观的心态，强调过渡期是一个学习和成长的机会，而不是一个难以克服的障碍。鼓励孩子相信自己的能力，相信他们可以适应新的学习环境和要求。在这个阶段，父母对孩子要有合理的期望，不要过分要求孩子可以一下子适应所有的变化，实现不同阶段的无缝衔接。理解孩子需要时间来适应新的学习方式和学科内容，根据孩子的实际情况给予鼓励和支持。

具体来说，父母可以提供的支持有：在家庭中创造良好的学习环境，提供学习辅导和帮助。通过提供支持和指导，帮助孩子树立学习的信心和能力。父母可以帮助孩子学会高效的学习方法，教导他们如何组织学习材料、制定学习计划、记忆和理解知识等。帮助他们更好地应对学习中的挑战，增强学习信心。鼓励孩子主动交流、结交新朋友，帮助孩子培养良好的社交技巧和人际关系能力。如果孩子的困扰较大，父母也可以考虑寻求外部帮助。例如，可以咨询学校的老师或心理辅导员，寻求他们的建议和指导。专业的教育心理咨询师也可以提供更深入的评估和支持。

最重要的是，父母应该始终保持与孩子的沟通与联结，有意识地增加亲子时间，提高家庭的凝聚力和支持度，培养良好的家庭氛围。让孩子感到家庭是一个安全、可以获得支持的地方。把家庭变成一个安全基地，孩子可以随时回到基地补充能量和勇气，然后再投入小学升初中的过渡期的挑战中。

通过这些引导，父母可以帮助孩子更好地应对小学和初中之间的落差感，培养他们积极向上的心态，增强应对挑战的能力，为他们顺利度过这个阶段提供支持。

孩子阅读抓不住重点怎么办

孩子阅读时抓不住重点有多种原因，这可能与他们的注意力、理解能力、阅读技巧等有关。比如，孩子的注意力可能容易分散，难以集中注意力阅读长文，从而错过文章的重要信息。

孩子也可能在阅读理解上存在困难，难以理解文章的主题、观点和重要信息。这可能与孩子没有掌握阅读技巧，不知道如何快速找出文章的关键信息有关。也有很大一部分孩子是因为对阅读内容缺乏兴趣，难以保持阅读的积极性，导致不愿意深入理解文章。

阅读对于孩子的重要性不言而喻，阅读抓不住重点对他们的学习和发展都可能产生负面影响。

如阅读理解是学业中的重要一环，阅读能力差可能直接导致考试成绩下降。同时，阅读是获取知识的主要途径之一，阅读能力差可能导致孩子知识面较窄。阅读不懂得抓住文章的主旨和要点，还可能导致表达能力不足，写作能力受限。最重要的是，阅读是培养孩子综合素质的重要途径，阅读能力差可能会影响孩子的综合素质发展。

既然阅读能力如此重要，那么父母可以做些什么呢？

首先，父母可以鼓励孩子阅读各种类型的书籍，包括小说、散文、科普读物等，帮助孩子找到他们感兴趣的阅读材料，激发他们的阅读兴趣，让阅读变得更具吸引力。还可以多带孩子去图书馆、书店等地方，让他们接触各种类型的书籍，从而激发他们的阅读兴趣。

其次，父母可以选择适合孩子年龄和兴趣的书籍，陪伴孩子一起阅读，共同分享读书的乐趣和体验。与孩子一起阅读时，引导他们思考和讨论文章的主题、观点和要点，这样可以帮助孩子更好地理解和抓住文章的重点。还可以教导孩子一些阅读技巧，例如，扫读、略读、精读等，帮助他们更快地找到文章的关键信息，提高阅读效率和理解能力。在阅读时提醒孩子注意段落标题、关键词、图表等，帮助他们更好地理解和总结阅读材料。当孩子遇到阅读困难时，父母可以提供帮助，例如，解答孩子对于阅读材料的疑问，引导他们理解文章的重点和主旨，帮助孩子扩展词汇和提高理解能力。

最后，在家中营造一个鼓励阅读的氛围。父母可以成为孩子的阅读榜样，在孩子面前展示自己的阅读兴趣和习惯，让孩子看到自己经常阅读，同时让孩子看到阅读对于个人成长和知识获取的重要性。还可以在家中设置一个舒适的阅读角落，提供舒适的座位和适合阅读的灯光，定期组织家庭阅读时间，让全家一起享受阅读的乐趣。阅读后，鼓励家人们互相分享自己阅读的内容，也可以和孩子一起讨论书籍中的情节、人物、主题等，培养他们的批判性思维和分析能力。

在和孩子一起阅读的过程中，帮助孩子建立良好的阅读习惯。每天阅读，让阅读成为他们生活的一部分。需要特别注意的是，父母要尊重孩子的阅读选择，尊重孩子的阅读偏好，让他们在自己喜欢的领域发展阅读能力。

通过以上方法，父母可以帮助孩子更好地抓住阅读的重点，提高他们的阅读理解能力和阅读兴趣，提高学业成绩，培养综合素质。这样的支持和引导将有助于孩子在阅读中获得更多的乐趣和收获，培养他们终身阅读的习惯和能力。

孩子遇到问题就逃避怎么办

孩子遇到问题就逃避的行为可能源自多种原因，包括缺乏自信心、怕面对挑战、害怕失败、学习压力大等。这种逃避行为可能带来很多负面影响。

我们先来看看逃避行为产生的主要原因。

孩子可能因为缺乏自信心而不愿意面对挑战。他们对自己的能力是怀疑的，认为自己无法解决问题，因此选择逃避，以避免面对挫折和失败。

孩子也可能是担心失败或受到批评。这种恐惧和不安可能导致他们选择逃避问题，以避免面对可能的负面结果。

初中阶段的学习压力也可能会导致孩子感到焦虑和压力。当他们面对困难时，为了减轻压力和焦虑的感受，可能会选择逃避。

逃避问题可能会产生以下负面影响。

学习成绩下降：逃避问题可能导致孩子无法解决困难，从而影响他们的学习进展和成绩。

自信心下降：逃避问题可能进一步削弱孩子的自信心，使他们对自己的能力产生更大的怀疑。

错失成长机会：面对问题和挑战是孩子成长和发展的重要机会。逃避问题可能使他们错失学习和成长的机会，无法充分发挥潜力。

降低责任心：逃避问题可能让孩子养成不负责任的态度，无法坚持面对困难。

社交问题：逃避问题可能导致孩子在社交场合中遇到困难，影响人际关系。

当孩子出现逃避行为时，父母可以做些什么来帮助孩子呢？

首先，父母应该给予孩子鼓励和支持，让他们知道失败和困难是成长过程中必经的。鼓励他们勇敢面对问题，相信自己有能力解决问题，给予积极的鼓励和赞赏，让孩子感到自己是被支持和鼓励的。

其次，给予具体方法的指导，父母可以协助孩子将大任务分解为小任务，设定小目标，让孩子逐步克服困难，逐步解决问题。成功解决一个小问题会增强孩子的自信心，这样的目标设定可以增加孩子的成功体验和自信心。父母还可以教授孩子一些解决问题的技能和策略。例如，教导孩子如何分析问题、制定解决方案、实施计划、总结经验等。通过这些技能的学习，孩子可以更好地应对问题并找到解决方法。

再次，在孩子面对困难时，父母可以提供孩子所需的资源和信息，包括提供必要的工具、资料、书籍等帮助孩子更好地解决问题。同时，也可以提供适当的指导和建议，让孩子知道面对困难时是可以寻求帮助的。如果挑战失败，我们也可以告诉孩子失败意味着我们正在学习新的知识和技能，失败是成长的一部分，鼓励他们从失败中寻找教训和改进的机会。通过接受失败的教育，可以培养孩子坚韧不拔的性格和适应能力。

最后，言传重要，身教就更重要了。在日常生活里，父母要做孩子的榜样，让孩子学会如何应对挑战和困难，向孩子示范正确的态度和处理问题的方式。面对问题时不逃避，展现积极乐观的态度，保持冷静和理性，积极寻求解决办法，就算失败了也不气馁，总结经验，再次尝试。

需要再次提示的是，父母要与孩子建立信任和良好的沟通关系，要让孩子知道自己是随时可以向父母倾诉和寻求帮助。

逃避问题是一种常见的应对困难的方式，但父母的理解、支持和引导可以帮助孩子克服逃避行为，培养积极面对问题的勇气和能力，为他们的成长提供有力支持。

孩子学习效率不高怎么办

很多家长发现孩子的学习效率比较低,就算每天熬夜学习,还是跟不上同学的进度,反而把自己搞得很累。

孩子学习效率不高可能涉及多种因素,如学习方法不当、注意力不集中、学习动机不足、缺乏自律性等。学习效率不高会影响孩子的学业成绩和自信心,需要父母的关心和引导。

我们先来看看导致孩子学习效率不高的主要原因有哪些。

孩子可能是因为没有掌握高效的学习方法,不知道如何合理安排学习时间和使用学习资源而导致学习效率不高。

如果孩子的注意力难以集中,容易受到外界干扰,也容易导致学习效率降低。

有些孩子是因为缺乏对学习的兴趣和动力,缺乏对知识的渴望而导致学习效率不高。

孩子也可能因为缺乏自律性,不能自主管理学习时间,容易被娱乐或社交活动分散注意力而导致学习效率不高。

孩子学习效率不高会带来多方面的影响。

学习效率不高会导致孩子的学业成绩下降,影响升学和未来发展。长期学习效率不高还可能让孩子的自信心受到打击,影响自尊心和自信心的建立。

由于学习效率不高,孩子可能会进一步对学习失去兴趣,认为学习是一种负担,不再乐意学习。

学习效率不高不仅会影响孩子的学业表现,还可能影响孩子的综合素质发展,包括思维能力、创造力和实践能力等。

父母可以有意识地采取一些方法来提高孩子的学习效率。

首先，为孩子提供一个安静、整洁、舒适的学习环境。确保有足够的光线和适当的温度，减少干扰和噪声，这样的环境有助于孩子集中注意力，提高学习效率。

其次，父母可以与孩子一起制订学习计划，帮助他们合理安排时间和任务。教导他们如何分配时间，设定优先级，并制订具体的学习目标。这样可以帮助孩子更有条理地学习，提高效率。再具体细致一些，父母可以教授孩子一些有效的学习方法和技巧，例如，做好学习笔记、整理知识、积极参与课堂、归纳总结等。通过学习方法的指导，孩子可以更加高效地学习和记忆知识。同时，父母需要提供必要的学习资源，如相关图书，教辅资料等，这样可以帮助孩子更好地理解和掌握学习内容。

最后，父母要关心孩子的学业，了解他们的学习情况。多与孩子交流学习进展，鼓励他们分享学习经验和困扰，以便及时发现问题并提供帮助。交流过程中，父母要鼓励孩子保持积极的学习心态，表达对孩子的信任，相信他们有能力取得进步，也鼓励他们相信自己的能力，坚持努力，克服学习中的困难。当孩子努力学习，取得进步时，父母要给予及时的肯定和赞赏，让孩子感到自己的努力是被看见和认可的，从而增强他们的学习动力和自信心。在学习上，父母要努力成为孩子的榜样，展示自己对学习的重视和努力，让孩子感受到学习的重要性和价值，激励孩子努力学习，不断提高学习效率。

特别重要的是，父母要提供情感上的支持，始终与孩子站在一起面对困难，让孩子感到被理解和支持。鼓励孩子表达学习中的困惑和压力，倾听他们的感受。通过情感支持，形成更紧密的亲子链接，帮助孩子更好地发展自己。

通过以上方法，父母可以帮助孩子提高学习效率、学习兴趣和能力，培养正确的学习态度和方法，使他们更好地应对学业挑战，为未来的发展奠定良好的基础。

孩子觉得学习没有意义怎么办

孩子觉得学习没有意义了，作为家长，我们应该如何应对呢？我们要明白是什么原因导致他会有这种感受，寻找导致孩子没有学习动力的根本原因。可能是因为学习内容过于枯燥乏味，缺乏实际应用，或者是因为学习压力过大，导致他们失去了学习的乐趣；另外就是作为家长没有从小给孩子做正确的引导，让孩子知道学习对他们来说意义在哪里。无论是哪种情况，我们都可以通过一些方法来帮助孩子重新找回学习的意义和乐趣。

首先，我们可以尝试与孩子一起探索学习的内容，找到与他们兴趣相关的学习资源。例如，阅读有趣的书籍（只要不影响孩子的三观，只要孩子感兴趣，任何类型的书籍都可以）、观看有启发性的纪录片、参观博物馆、带孩子去他感兴趣的地方旅游等，让孩子在学习中发现新奇和有趣的事物，激发他们的好奇心和求知欲。

其次，我们可以鼓励孩子将学习与实际生活相结合。帮助他们找到学习的实际应用场景，让他们明白学习对他们来说的重要性和意义。例如，通过数学的学习，他们可以解决实际生活中的问题；通过语言的学习，他们可以更好地表达自己的想法和感受；通过物理的学习，他们能发现生活中有很多有趣的物理现象小常识，要让孩子明白学习是为了更好地应对未来的挑战和机遇。

最后，我们也要关注孩子的学习压力。过大的学习压力会让孩子失去对学习的兴趣和动力。我们可以通过耐心且有效的沟通，了解孩子内心深处的烦恼和困惑，帮助他们找到适合自己的学习方法和节奏。鼓励孩子保持良好的学习习惯，合理安排学习时间，劳逸结合，避免过度焦虑和压力。

最重要的是，作为家人，我们要给予孩子支持和鼓励，我们是他们来到这个世界上最信任的人。孩子在学习中遇到困难或挫折时，我们要及时给予帮助和鼓励，让他们感受到我们的支持和关爱，并且鼓励他们坚持不懈地追求知识和进步，相信他们的潜力和能力。

总之，当孩子觉得学习没有意义时，我们可以通过与他们一起探索学习内容、将学习与实际生活相结合、关注学习压力以及给予支持和鼓励等方式，帮助他们重新找回学习的意义和乐趣。让孩子明白学习是为了自己的成长和未来的发展，从而激发他们的学习兴趣和动力。

学习是一段漫长而美好的旅程。尽管在学习的道路上孩子们会遇到各种挑战和困难，但作为家长，我们一定要帮助孩子，找对方法，正确引导孩子热爱学习，通过学习找到自信和生活的意义。

孩子想要休学怎么办

对于家长来说,处于青春期的孩子突然提出想休学是令人头疼的事,毕竟这个时期的孩子正处于人生的关键期,万一处理不好会影响孩子的前途。

孩子想要休学有多种原因。

面对学业压力,有些孩子很容易在学业压力下,感到沮丧和疲倦,想要暂时摆脱学习的压力。

当然,也有些孩子缺乏对当前学习的动机,不知道为什么要学习,没有学习动力,觉得学校不是他们感兴趣或关心的领域。

也有可能孩子正面临焦虑、抑郁或其他心理健康问题,这些心理问题,会影响他们的学习能力和学习体验,导致他们想要休学。

孩子在学校除了学业问题,还会遇到社交问题,如同学之间相处不融洽、难以融入,甚至是冷暴力、欺凌等,这些都会让他们想要逃避学校环境。

还有些孩子有自己的兴趣和目标,认为休学可以帮助他们追求自己喜欢的这些目标,如追求职业体育、音乐或创业。

休学会给孩子带来一系列的影响。

休学会导致学业滞后,影响未来的学术进展和职业选择。

孩子休学后,会在未来的职业市场竞争中面临困难,因为他们会缺乏必要的学历和技能。

休学会增加心理健康问题的风险,因为孩子会感到迷失和不满足。

孩子在休学后,会失去与同学的社交联系,导致社交孤立和孤独感。同时,休学会影响孩子的自信心,因为他们会感到自己没有能力应对学校挑战。

我们可以采取以下方法来解决孩子想要休学的问题。

父母应该学会倾听,我们要平和、耐心倾听孩子内心的想法和感受,了解他们为什么想要休学。这有助于建立亲子沟通的渠道，让孩子感受到父母对自己的关爱和接纳，感受到父母能够理解孩子内心真实的需求。

父母可以与孩子一起讨论休学的长远影响，包括学业、职业和个人生活方面的影响，帮助他们更全面地考虑决策。同时，父母要为孩子提供心理支持，帮助孩子应对学业压力和心理健康问题，必要时，要及时寻求咨询专业心理健康专家的帮助。

父母可以与孩子一起探讨其他学校或学习选项，以寻找更适合他们的教育环境。父母还可以帮助孩子设立明确的学术和职业目标，并制订实际的计划来实现这些目标，以增强动力和方向感。

根据实际情况，客观、冷静地对待休学。如果在当下，休学是一个合理的选择，那父母可以咨询学校的教育顾问或其他专业人士，以获取有关休学计划的建议。无论何时，父母和孩子都应该保持友爱、良好、持续的沟通，以监测休学计划的进展，并在需要时进行调整。

总之，父母不仅要关注孩子的学习，更要关注他们的生活、思想和心理。孩子人格的健康发展，离不开父母和家人的言传身教和积极引导。每个年龄阶段的人，都有自己的事情要完成，父母要告诉孩子，这个世界上其实没有捷径可走，但只要你积极向上、充满信心、努力向前，生活中所有的艰辛都会离你而去。

孩子和老师发生冲突怎么办

孩子和老师发生冲突，是有多种原因的。

首先，学业压力。高中生通常面临较大的学业压力，经常会感到焦虑，这会导致他们对老师会产生负面情绪。

其次，沟通障碍也是一个重要的因素。老师每天的工作量是非常大的，一位老师要面对几十名学生，孩子和老师之间很容易存在沟通问题，例如，孩子会感到自己的需求未被老师充分理解或尊重。

还有就是，有些孩子对老师的教学方法不满意，觉得老师的教学内容不足或不合理，也会导致发生冲突。孩子和老师之间也会因为性格冲突，导致摩擦和不适感。还有家庭问题或家庭环境，也会影响孩子与老师之间的关系，导致发生冲突。

孩子和老师发生冲突，会带来一系列长远影响。

首先，会影响孩子的学业。师生之间的冲突会分散孩子的注意力，影响他们的学业表现，甚至导致学业下滑。师生冲突，会让孩子在学校的社交关系受到影响，影响孩子与同学之间的关系和融入感。

其次，冲突会导致孩子产生负面情感，如焦虑、抑郁，对学校和教育产生负面看法，甚至对整个学校的氛围产生负面影响，影响学习环境和学校文化。

最后，长期的冲突，也会对孩子的职业前景产生负面影响，因为学校记录和推荐信在职业发展中起着重要作用。

那父母怎么来处理这个问题呢？我们可以采取以下方法来解决孩子和老师之间发生冲突。

首先，父母要学会倾听，听取孩子内心真实的想法和感受，了解他们在和老师之间发生冲突的具体情况。

其次，父母可以与老师进行开放和尊重的沟通，了解老师的观点和关注点，共同寻找解决问题的方法。

同时我们要让孩子学会控制自己的情绪，学会用语言来表达自己的感受，并且学习一些解决冲突的技巧，包括积极沟通、倾听他人的需求和妥协等。

再次，父母要建立积极的学校家庭合作关系。家长和老师是互相信任、互相支持的朋友和战友，父母可以积极参与学校活动，与老师和学校建立合作关系，做好家校共育，共同努力帮助孩子健康成长。

同时，父母要给孩子提供情感上的支持，鼓励孩子表达自己的真实情感，帮助孩子应对冲突时的压力和情感。如果冲突长期存在且无法解决，父母可以考虑寻求专业帮助，如咨询师或心理治疗师的建议。

最后，父母可以在家中为孩子创造一个良好的学习环境，帮助他们更好地应对学业压力。鼓励孩子积极参与学校活动和社交互动，以增强他们在学校的归属感。

孩子有独立的意识和表现欲望是好事。当发生冲突时，家长要保持清醒的头脑，全面了解事情的起因，父母对孩子要理解和支持，不能压制，要让孩子感受到父母对自己的关爱和理解，鼓励孩子采取各种正确合理的方式，要和老师交流沟通，并把自己的想法大胆地说出来。

总之，解决孩子和老师之间的冲突需要家庭、学校和孩子的共同努力。父母应该成为支持和引导的角色，与学校合作，教导孩子学会运用解决冲突的技巧，并提供情感上的支持。

孩子学习成绩下降快怎么办

孩子学习成绩下降很快有多种原因。

首先，最重要的原因就是学业压力。随着学习内容的增加孩子的学习压力也在增大，会使一些学生感到不堪重负，导致学习成绩下降。有些学生，缺乏学习的动机，难以保持对学校课程的兴趣，从而影响成绩。

其次，学习时间管理不当，也会导致学习效率低下，影响成绩。大量的学科知识和作业，需要在有限的时间里完成，这对学生的时间管理是一个严峻的考验，很多学生都会明显感觉时间不够用。

同时，身心健康问题也是一个重要的原因。有的学生因为学业压力大，会产生焦虑、失眠等一些心理问题甚至是疾病。有的学生因为学习时间长、睡眠不足、食欲不佳等，也会导致一些身体健康问题等，这些问题都会让他们无法集中精力去学习，从而导致成绩下降。

最后，人际关系的影响。孩子在学校会遇到师生之间、同学之间的社交问题，如冷暴力、欺凌或感情问题，这些都会分散他们的注意力，导致学习成绩下降。

同时，孩子还会出现偏科情况，有些学科可能比其他学科更具挑战性，学生在这些学科中遇到困难，也会导致成绩下降。

孩子学习成绩下降很快，会给孩子带来一系列影响。

快速下降的学习成绩，会导致学业滞后，跟不上老师的教学进度，从而让孩子失去学习动力，影响后期的学业发展和未来的职业选择。

学习成绩下降快还会导致焦虑、抑郁等心理健康问题，影响孩子的生活质量。

学习成绩下降会导致孩子与同学和老师之间的关系紧张，从而影响社交互动。成绩下降，还会影响孩子的自信心，使他们产生自卑感，认为自己无法应对学业挑战，从而影响孩子的职业前景和未来的成功。

那父母应该怎么帮助孩子解决学习成绩下降很快的问题呢？

首先，父母应该倾听孩子的感受和困惑，了解他们成绩下降的原因。然后与孩子一起制订明确的、在孩子能力范围之内可完成的学习计划，帮助他们更好地组织学习时间和任务。同时，为孩子提供情感上的支持，鼓励孩子克服学习挑战，并提供必要的帮助和资源，帮助孩子建立学习的信心。如果孩子的学习成绩下降与心理健康问题有关，父母应该寻求专业的心理健康帮助。

其次，教会孩子有效的时间管理技能，帮助他们更好地组织学习和安排休闲时间，学会劳逸结合。与老师和学校保持联系，了解孩子的学业进展和需求，以便及时采取行动。鼓励孩子追求他们感兴趣的学科和活动，这可以提高他们对学习的积极性。帮助孩子设立明确的学术和职业目标，并制订实际的计划来实现这些目标，以增强动力和方向感。

最后，与孩子一起成长，应该是所有高中父母应有的姿态。让孩子感受到父母对孩子无条件的关爱，孩子才愿意对家长敞开心扉，我们才可以了解孩子的真实难处。从孩子的视点了解问题，才能够更好地协助孩子渡过难关。只关心孩子成绩而不关心孩子心理成长的父母，无法和孩子建立良好的亲子关系。

总之，父母要多给孩子一些空间，鼓励孩子培养良好的学习习惯和自我管理能力。家长和学生一起努力，才能助力孩子考出理想的成绩。

孩子觉得父母不懂自己的爱好怎么办

孩子觉得父母不懂自己的兴趣爱好是有多种原因的。

首先，孩子和父母之间，因为成长在不同的时代，成长的环境不同，对于兴趣爱好和娱乐方式有不同的理解和经验，所以难免会有代沟产生。

父母和孩子之间沟通不畅，难免会导致孩子不愿意与父母分享自己的兴趣爱好，或者是父母没有充分表达对孩子兴趣爱好的兴趣和理解，让孩子感觉到父母不懂自己，和父母无法交流和沟通。

其次，来自父母的期望压力。一些父母对孩子，有特定的期望和目标，希望孩子朝着他们认为正确的方向发展，把自己的期望强加给孩子，不关心孩子是否有兴趣。父母的工作、生活都很繁忙，难免会导致他们没有足够的时间和机会去了解孩子的兴趣爱好。

最后，在当下科技发达的社会，孩子们会更容易与同龄人或互联网上的社交媒体互动，而不是与父母分享他们的兴趣，这也会让父母感觉自己不了解孩子的兴趣爱好。

孩子觉得父母不懂自己兴趣爱好，对孩子的成长和亲子关系都会带来一系列影响。

首先，情感断裂，孩子会感到与父母之间无法沟通，从而也不愿意和父母交流，造成亲子之间情感断裂，导致亲子关系紧张和疏远。

孩子会对自己的兴趣和父母的期望之间的冲突感到困惑，这会影响孩子的自我认同和自尊心。

其次，有的孩子觉得父母不理解他们的兴趣，会在父母的影响下，放弃追求自己热爱的事物。

最后，亲子间长期沟通出现问题，会导致孩子不愿意与父母分享生活中的重要事情，从而影响了亲子间的信任和良好的家庭关系。

父母可以采取以下方法来解决这个问题。

首先，倾听和尊重。父母应该以平和的心态来倾听孩子的兴趣和爱好，尊重他们的选择，不要对其进行过度干涉或批评。父母要明白每个孩子都是独立的个体，每个人都有不同的兴趣和爱好，不要把父母自己的期望强加给孩子，剥夺了孩子寻找自己兴趣爱好的能力。

其次，积极参与。父母可以积极参与孩子的兴趣爱好，参加相关活动，了解更多关于孩子的爱好的信息，要从孩子的角度来看他的兴趣爱好。父母要和孩子建立开放的沟通渠道，鼓励孩子分享他们的兴趣和感受，以建立更深厚的信任关系。

最后，父母可以提供支持，帮助孩子追求他们的兴趣，提供必要的资源和机会。鼓励孩子独立思考和决策，让他们有权利选择自己的兴趣和道路。父母也要与时俱进，运用互联网和社交媒体，更好地了解孩子参与的在线兴趣和社交圈子。

作为家长最重要的，还是应该尊重孩子的意见，给孩子足够的选择权。在遇到事情之后，应该先和孩子好好地交流一下，了解大概内容之后，然后让孩子自己去选择，可以给予孩子一些建议，告诉孩子这个决定会造成怎样的后果，而不是帮助孩子去做决定。

总之，父母要让孩子感受到父母对他的爱，给予关注，并提供支持，以促进健康的亲子关系和孩子的健康成长。

孩子没有良好的学习方法怎么办

不少教师在教学中都有一个普遍的感受，95%以上的孩子在智力上没有多大差别，可智力水平差不多的孩子却出现了不同的学习效果，其原因之一是一些孩子没有良好的学习方法。

孩子没有良好的学习方法是有多种原因的。

学习经验不足。有许多孩子缺乏足够的学习经验，尤其是在随着学习内容的增加，学业要求变得更加复杂和严格，他们没有办法来应对。

时间管理困难。随着学习内容和作业量的增加，很多同学会感到时间不够用，面临时间管理上的挑战，难以有效地分配时间来完成学习任务。

学习习惯不好。有些学生之前养成了不良的学习习惯，如拖延、分心或难以集中精力等，在进入新的学习阶段还没有改正。有些学生缺乏自我调节能力，不知道在学习方法上，如何进行自我调节，如何制订学习计划和学习目标等。

教育资源不足。学校没有足够的、丰富的教育资源和支持，父母对孩子的教育也不够重视，学习资源匮乏等。

孩子没有良好的学习方法，对孩子的学业发展会带来一系列影响。

没有良好的学习方法，会导致学业下滑，影响未来的学术进展和职业选择。学习成绩下滑，就会影响孩子的自信心，使他们感到沮丧，丧失对学习的信心和兴趣。

缺乏良好的学习方法，会导致孩子在时间管理上产生问题，不能够合理安排时间，这会在孩子未来的生活和职业生涯中产生问题。

长期的学业问题也会影响孩子与同学之间的关系，成绩不好缺乏自信，会导致孤立感和社交互动的减少。

学业问题对孩子的职业前景也有着重要的影响，尤其到了高中每个阶段的学业成绩都很重要，在以后升学、职业发展中起着重要作用。

父母可以采取以下方法来帮助孩子解决这个问题。

首先，父母要同孩子一起设立明确的学习目标，帮助他们明确自己的学习和职业目标，并且协助孩子制订有效的学习计划，包括时间管理、任务分配和学习时间表。

其次，父母要帮助孩子掌握学习技巧，如记笔记、阅读理解、复习和考试策略；为孩子提供必要的学习资源和支持，如教辅材料、家庭作业辅导和学习工具；鼓励孩子自主学习，培养他们的自我调节和学习习惯。要注意，在家中，要为孩子创造一个良好的学习环境，减少分心因素。

最后，孩子学业压力大，父母要时刻关注孩子的心理健康。如果孩子出现明显的焦虑、失眠等情况，要及时寻求专业机构提供支持和帮助。

父母要多花点时间来陪孩子，学会做孩子的朋友，不要一味地以家长的身份居高临下的态度教训孩子，这样很容易导致孩子产生逆反心理。父母可以作为孩子的朋友，拉近你们之间的距离，让孩子感受到父母对自己的尊重和关爱，让孩子在轻松的家庭氛围中学习和成长。

总之，解决孩子没有良好的学习方法的问题需要家庭、学校和孩子的共同努力。重要的是培养孩子的学习能力，以帮助他们在学校和未来的生活中取得成功。

第三辑

人际关系

03

孩子不敢交新朋友怎么办

孩子不敢交新朋友可能源于多种原因。

最常见的原因是社交焦虑,即害怕社交场合、缺乏破冰技能、不善于沟通等,担心或者害怕被拒绝或被嘲笑。这种焦虑可能源自曾经的负面社交经历,也可能是性格内向、缺乏自信心、胆怯,或者受到家庭环境的影响。

此外,孩子可能也因为缺乏社交技能,不知道如何与陌生人交流,又或者对新环境和陌生人感到不安而不敢交新朋友,或者因为不安全感,害怕得到的朋友又失去,对友情患得患失而不敢进一步与人交往。

人际关系不好可能带来多方面的负面影响。

一方面,缺乏良好的人际关系可能导致孤独感和社交隔离,影响到孩子的心理健康。孩子可能会感到孤立无援,缺乏安全感,增加焦虑和抑郁的风险,甚者可能影响其他亲密关系。良好的社交关系和亲密关系,可对其各方面的发展有促进和提升作用。

另一方面,良好的人际关系对孩子的社交技能和情感智力的发展至关重要。如果孩子没有机会与他人互动,可能就无法学会合作、沟通、妥协等重要的社交技能,从而影响他们的综合素质。此外,良好的人际关系还能带来积极情绪、支持和共鸣,有助于孩子更好地应对生活中的挑战和困难。

父母可以采取以下方法来引导孩子交新朋友。

1.鼓励和支持

父母应该鼓励孩子参与社交活动,支持他们与新朋友建立联系,或者自己组织社交活动。比如,生日会、读书会、诗歌会、音乐会、踏青游等,鼓励的话语和积极的态度能够增加孩子的自信心。

2. 示范和教授社交技能

父母示范给孩子看如何社交，并且教授孩子一些社交技能，例如，如何主动打招呼、如何倾听别人、如何表达自己的观点等。这些技能能够帮助孩子更好地与他人交流。

3. 提供机会

父母可以提供各种各样的社交机会，例如，参与社区活动、加入俱乐部或兴趣小组、参加夏令营、冬令营等。这样的活动可以让孩子与有相似兴趣的人建立联系，增加交朋友的机会。

4. 鼓励多样化的交往

父母应该鼓励孩子与不同背景、不同兴趣爱好的人交往，帮助他们建立广泛的社交圈子。多样化的交往经历可以让孩子更加开放和包容，例如，参加母亲的闺密活动、父亲的运动项目，成为父母活动的参与者或者组织者，与不同年龄和领域的人交流，可拓展眼界和认知。

5. 尊重孩子的社交节奏

父母应该尊重孩子的社交节奏，不要强迫他们交朋友，不要逼迫他们与不喜欢的人交往，也不要逼迫他们与喜欢的人断交。每个孩子的性格和社交需求不同，应该根据孩子的个性给予适当的支持和理解。

6. 提供心理支持

如果孩子因为社交问题感到焦虑或沮丧，父母可以提供心理支持，甚至考虑寻求专业心理辅导，帮助孩子处理社交焦虑和不安。

7. 培养自信心

父母应该帮助孩子建立自信心，让他们相信自己的价值，相信自己可以交到真正的朋友，如在生活、学习中肯定孩子的优点，尽量避免在外人面前放大缺点等。自信心的提升可以增强孩子主动交往的勇气。

通过以上方法，父母可以在尊重孩子个性和需求的基础上，引导他们建立健康、积极的人际关系，提升社交技能，从而更好地适应社交环境，增强人际沟通的能力。

孩子害怕严厉的老师怎么办

孩子害怕严厉的老师可能源于多种原因。

首先，严厉的老师可能给孩子一种威胁和压力的感觉，因为他们担心犯错或者不符合老师的期望会受到惩罚，担心老师会不喜欢自己而越来越胆怯。

其次，孩子可能会觉得在严厉的老师面前无法表达自己的观点和需求，担心自己表达失误或者表达不清，影响他在老师心目中的形象。

最后，严厉的批评和惩罚可能会引发孩子的自卑感和焦虑感，害怕自己越做越错，害怕上学，担心被老师再次责备。

老师过度严厉对于孩子的负面影响。

首先，会降低孩子的自尊心和自信心。孩子可能会认为自己无法达到老师的标准，从而做事畏首畏尾并产生自卑感。

其次，会影响孩子的学习积极性。如果孩子害怕老师，可能会避免提问、不敢参与课堂讨论，甚至不敢发表自己的观点，这样会影响他们的学业发展，逐渐失去表达自己想法的能力。

最后，过度严厉的老师可能引发孩子的逆反心理，导致他们产生反抗或者逃避学校的想法，严重时可能影响孩子对学科、其他老师甚至对学校的整体态度。

父母可以采取以下方法来协助孩子面对严厉的老师。

1. 倾听和理解

父母要耐心倾听孩子的感受和经历，了解他们害怕严厉老师的原因，积极与老师沟通，避免误解或者改善沟通方式，提升沟通效率。父母的理解和支持可以帮助孩子减轻焦虑感，提升自信心。

2. 鼓励表达

鼓励孩子表达自己的观点和感受，让他们知道自己的声音是被尊重和重视的。父母可以和孩子一起讨论如何表达自己的需求，如何处理与老师的沟通，让孩子善于与严厉的老师交流，并学会就事论事。

3. 增强自信心

父母可以帮助孩子增强自信心，让他们相信自己的能力，在其表现出显著能力的时候，积极主动表扬。鼓励孩子参加一些能够展示自己才华的活动，开展或参与更多的社交活动，提高自身的自信心和表达能力。

4. 教导应对策略

教导孩子一些应对严厉老师的策略。例如，在遇到问题时冷静地向老师请教，不要哭，不要害怕老师的批评，学会在批评中锻炼自己的逆商，或者寻求老师之外的其他渠道来解决学习上的困难。

5. 鼓励积极面对困难

父母可以鼓励孩子积极面对困难，告诉他们困难是成长过程中的一部分，告诉他们遇到困难就像拼乐高一样，一个一个地完成，要保持耐心和毅力，鼓励他们勇敢地面对学习挑战。

6. 与学校合作

如果孩子面临严厉老师的问题，父母可以与学校建立联系，寻求学校的支持和协助。有时候，可能需要学校进行干预，以确保孩子在学校有一个安全和积极的学习环境。

7. 提供心理支持

如果孩子因为严厉老师感到焦虑和抑郁，父母可以考虑寻求心理专家的帮助，通过心理咨询来帮助孩子处理情绪问题，提供心理支持。

通过以上方法，父母可以在孩子面对严厉老师的时候提供支持和指导，给予足够的安全感和理解并帮助其建立自信心，帮助他们更好地应对困难，维护自身的心理健康。

孩子没有集体意识怎么办

孩子缺乏集体意识可能是因为他们在个体发展的初期阶段，主要关注自身需求的满足，对于集体和社会的认知尚未充分发展，不明白什么是集体，不懂得什么是团队。在幼儿期和童年早期，孩子通常更专注于自己的需求、感受和兴趣，尚未形成对集体合作、社交规则和集体责任的深刻理解。此外，个体差异也可能导致一些孩子更难适应集体环境，缺乏集体意识。

缺乏集体意识的孩子可能表现出以下行为。

1. 自私和独断

这些孩子可能更容易表现出自私心理和行为，只考虑自身需求，不考虑他人感受，甚至在集体活动中独断专行、我行我素的，如在安静的环境下大喊大叫等。

2. 不合作和孤立

缺乏集体意识的孩子可能不善于与他人合作，缺乏团队合作精神，倾向于独立行动，不愿意或极少参加集体活动，或者在集体活动中无团队意识。如在踢足球或者打篮球时，不喜欢传球，一人带球跑全场。

3. 缺乏社交技能

有些孩子可能在社交互动中缺乏应对能力，不知道如何与他人友好相处，容易与人发生冲突，或者发生冲突后，不善于化解矛盾。

4. 不关心集体利益

缺乏集体意识的孩子可能更倾向于追求个人利益，对于集体的利益和共同目标缺乏关心和认同。如不想参加班级荣誉活动，不愿意参加运动会中接力赛跑、拔河等集体项目。

为了培养孩子的集体意识，父母可以采取以下方法。

1. 鼓励参与集体活动

鼓励孩子参与学校、社区或家庭中的集体活动，例如，团队运动、戏剧表演、义工服务等，这些活动可以帮助孩子更好地理解集体合作的价值。

2. 培养合作技能

父母可以在日常生活中培养孩子的合作技能。例如，在家庭活动中，鼓励兄弟姐妹共同完成任务，学会分享和团队合作，如在家或聚会时和父母或者其他亲人朋友共同完成一道他喜欢的菜品。

3. 培养集体责任感

教育孩子在集体中有责任感，他们的行为和决策会影响整个集体。可以通过让孩子参与家庭规划、分担家庭责任等方式培养他们的集体责任感，如家庭外出旅行，由其负责经费管理，并在事后给予表扬。

4. 培养同理心

父母可以鼓励孩子关心他人的感受，培养他们的同理心，可以通过故事、绘本、影视等方式引导孩子理解他人的需求和情感，如带领其参与积极正面的剧本杀活动等。

5. 鼓励集体活动

父母应当积极挖掘孩子在集体中的出色表现，并给予表扬和奖励，让孩子体验到集体合作带来的成就感和荣誉感，增强对集体荣誉感的认同。

6. 与学校合作

父母要与学校合作，了解孩子在学校的集体参与情况，鼓励其参与学校的义工站、社团或者其他公益组织或活动。经常和老师沟通，了解孩子在学校和班级中的集体表现，共同协助孩子培养集体意识。

通过以上方法，父母可以帮助孩子树立集体观念，培养他们的集体意识、协作能力，学会规则游戏，让他们更好地适应不同背景的社交环境，建立健康长久的人际关系，为未来的发展打下良好的基础。

孩子跟父母顶嘴怎么办

不知各位家长有没有这种感受,就是孩子越来越大,也越来越难管,尤其是到了小学高年级,孩子逐渐发展出自主性和独立性,同时可能表现出更多的顶嘴行为。家长了解这种现象背后的原因,认识其可能带来的影响,以及如何应对,对于维护良好的亲子关系至关重要。

我们先来谈谈孩子为什么要顶嘴?

1. 自我意识的形成

孩子逐渐形成独立的意识,开始追求自我,想要借此表达自己的想法和需求。

2. 情绪的表达

孩子在面对挫折、烦恼或不满时,可能通过顶嘴来发泄情绪,因为他们还不太懂得处理复杂的情绪。

3. 模仿环境

学校、同伴或媒体中的冲突和顶嘴行为,可能被孩子模仿到家庭中。

那么爱顶嘴对于孩子来说有什么样的影响呢?

1. 家庭氛围紧张

频繁的顶嘴可能导致家庭氛围紧张,影响家庭成员的情绪状态。

2. 沟通困难

孩子时常顶嘴可能会导致亲子沟通困难,阻碍父母与孩子之间的有效交流。

3. 亲子关系疏远

长期的顶嘴行为可能导致亲子关系疏远,影响家庭成员之间的亲密度。

那么,家长应该如何应对孩子的顶嘴呢?

1. 了解原因

如果孩子顶嘴不听话，家长首先要了解事情的缘由，给孩子自我辩解、澄清的机会，引导孩子说清楚原因，避免使用责罚的语气或威胁的方式让孩子产生对抗情绪，这样会导致顶嘴及逆反心理的加重。

2. 冷静沟通

父母在孩子情绪冷静下来以后，再用耐心的语气和态度与他们进一步沟通，包容孩子的情绪，了解他们的需求。

父母要倾听孩子的观点，尊重他们的意见，多站在孩子的角度来想问题，让他们感受到被理解和尊重。

3. 营造家庭氛围

平时家长就要为孩子营造平等的家庭氛围，如果孩子感受到父母的尊重在心理上会更有成就感，在争辩中也能慢慢学会估量自己的能力，会变得更独立、自信。但同时，家庭中也应该有明确的规则和界限，父母要坚持原则，防止孩子过度顶嘴。孩子顶嘴也可能是没有学会更好地表达，父母要尽量避免发火，也不要借题发挥，更不能因为工作压力等迁怒孩子。

4. 情绪管理教育

教导孩子正确的情绪管理方法，情绪是需要疏而不是堵的，家长要教会孩子学会缓解情绪的方式方法，每个人的方法不一样，尽量找到适合自己的情绪疏通的办法并坚持去做。当孩子与父母已经剑拔弩张的时候，及时喊停也是迫切要做的。一是马上告诉孩子，我们等一下再谈，请换一种方式跟我说话；二是对自己即将控制不了的情绪喊停，家长要及时离开与孩子共处的空间，深呼吸5次以上，暂停内心的愤怒想法。

孩子在成长过程中常常会表现出挑战性的行为，作为父母，理解孩子的需求，采取恰当的引导策略，是建立和谐家庭关系的关键。通过尊重、理解和有效沟通，可以帮助孩子克服顶嘴问题，建立起更健康、更亲密的亲子关系。

孩子不听父母讲道理怎么办

随着孩子的成长，孩子逐渐展现出更多的独立性和自主性，有时候可能表现出不愿听从父母讲道理的行为。了解这种现象背后的原因，认识到可能带来的影响，以及父母应该如何引导，对于维护良好的亲子关系至关重要。

孩子不听父母讲道理的原因有以下三点。

1. 独立性增强

孩子希望获得更多的自主权，展现独立性，不愿意受制于父母的规则和建议。

2. 自我探索

孩子渴望通过自身的经验和错误去学习，不愿意接受父母的过多干预，希望能够自己决定自己的事情。

3. 逆反心理

在青春期，孩子可能出于反叛或试探的目的，故意表现出不愿听从父母建议的态度。

孩子不听父母讲道理会有什么样的影响呢？

1. 家庭关系紧张

孩子不听从父母的意见可能导致家庭关系紧张，增加了家庭氛围的紧张感。

2. 学业受影响

孩子不听父母建议可能导致学业受到影响，因为他们可能不会采纳父母的学习方法或建议。

3. 社交问题

在学校或社交圈中，不听父母劝告的孩子可能会引发冲突，影响与他人的关系。

那么作为家长应该怎样来进行引导呢?

1. 尊重其独立性

父母应该尊重孩子的独立性,给予他们适当的自主权,让他们参与决策的过程,增强自信心。与孩子建立开放、诚实的沟通,倾听他们的想法,理解他们的需求,建立互信关系。

2. 理解孩子

父母应该尝试理解孩子的观点和行为背后的动机,从他们的角度思考问题,增加共鸣和理解。孩子不听道理的时候,家长首先一定要镇定,不要和孩子发生正面的冲突,也不要激怒孩子,以免导致两败俱伤的后果。同时,父母也要以身作则,展现出冷静、理智的行为,作为孩子学习的榜样,培养他们正确的价值观和行为准则。

3. 多说肯定句

面对孩子,家长最常挂在嘴边的就是两个字"不要"。而"不要……"是孩子最不喜欢的表达方式,也是最容易激起孩子逆反心理的说话方法。心理学研究表明,每个人的潜意识都不接纳否定的词汇,越是"不要做"的事情,潜意识越会告知你"要做"。所以请家长朋友们在与孩子沟通的时候,尽量多使用肯定句。

4. 不要给太多压力

每个家长都有一颗"望子成龙,望女成凤"的心,所以许多家长在教育孩子的过程中,对孩子太过于严厉,要求太过于严格。当家长对孩子的期许过高时,孩子会默默承受这种无形的压力,进而导致孩子否定自己,影响身心健康。为了孩子的健康成长,请不要给孩子强加太多来自家长的不合理期许。

在引导孩子时,父母需要保持冷静和耐心,用尊重和关爱的态度与孩子沟通,帮助他们建立正确的价值观和行为准则。通过亲子之间的理解和信任,在引导孩子保持独立性和自主性的同时,培养其良好的行为习惯和道德观念,促使他们健康快乐成长。

孩子与同龄人发生冲突怎么办

孩子在面对同龄人时，也会遇到各种人际关系冲突，这可能导致他们情绪波动，影响学习和生活。理解这些冲突背后的原因、了解可能带来的影响，以及正确的处理策略，对于帮助孩子建立健康的人际关系至关重要。

首先，导致与同龄人发生冲突的原因有以下方面。

1. 个性差异

孩子之间的性格和兴趣差异可能导致摩擦和冲突。

2. 竞争压力

学校和社交圈的竞争可能引发嫉妒、攀比等负面情绪，导致冲突。

3. 沟通问题

孩子可能不懂得有效沟通，难以表达自己的需求和想法，导致误解和冲突。

4. 家庭背景

家庭环境和教育背景的不同可能影响孩子的行为和价值观，引发冲突。

人际关系冲突会带来什么样的影响呢？

1. 情绪问题

长期的人际冲突可能导致孩子焦虑、抑郁等情绪问题。

2. 学业受影响

冲突可能分散孩子的注意力，影响学业表现和学习兴趣。

3. 社交隔离

频繁的冲突可能使孩子远离社交圈，导致社交隔离和孤立感。

那么，我们应该怎样来进行处理呢？

1. 倾听和理解

父母和老师应该倾听孩子的心声，理解他们的感受，鼓励他们表达自己的情绪和想法。当孩子与别人发生冲突时，家长不要急于去干涉，给孩子自由思考和自己解决的机会。如果觉得孩子解决不了，家长再给出一些解决建议供孩子参考。

2. 学会有效沟通

帮助孩子学会有效沟通，包括倾听他人、表达自己、解决问题的技巧，提高他们的沟通能力。很多时候矛盾或误会的产生，都是因为孩子缺乏沟通技巧而造成的，这时家长就可以适时地有针对性地培养孩子的各种沟通技能，来帮助孩子建立良好的人际关系。另外，培养孩子对他人的理解和同情心，帮助他们看待问题时更加客观和宽容。

孩子逐渐走向成熟的其中一个特征就是，是否可以换位思考。家长不妨在平时和孩子的沟通交流中，传递一些关于换位思考的能力和技巧，辅助孩子尽快学会从不同的角度来看待问题，进而培养孩子的共情能力。

3. 解决问题的能力

教给孩子解决问题的技能，包括冷静思考、妥协和寻求帮助，以帮助他们独立解决人际冲突。告诉孩子，生活中总是会有突发的问题，出现问题不可怕，我们只需要积极去解决问题，这才是孩子们应该好好学习的能力。

4. 心理辅导

如果冲突持续影响孩子的情绪和学业，父母可以考虑寻求心理辅导帮助孩子处理内心的困扰。心理辅导是为正常人服务的，家长们应克服"病耻感"，不要拖延，以免加重孩子的情绪问题。

人际关系冲突是成长过程中难以避免的挑战，但也是培养孩子应对挫折和解决问题能力的机会。父母和老师的理解、支持和引导对于孩子克服人际关系冲突至关重要。通过培养孩子的沟通能力、解决问题的能力和自信心，可以帮助他们更好地解决人际关系问题，建立健康、积极的人际关系，促使他们健康成长。

孩子爱和生活习惯不好的同学玩怎么办

孩子选择朋友可能受到多种因素影响，其中之一就是生活习惯。当孩子选择与生活习惯不好的同学交往时，父母应该关心其背后的原因是什么，了解可能带来的影响，并采取合适的引导策略。

我们先来了解一下哪些原因可能导致孩子会和生活习惯不好的孩子交往。

1. 社交压力

孩子可能因为社交压力或想要融入某个群体，选择与不良生活习惯的同学交往。

2. 共同兴趣

孩子与同学可能有共同的爱好或兴趣，这是交往的一个重要原因。

3. 同情和帮助

有时孩子会因同情心或希望帮助同学而选择与他们交往。

如果长期和生活习惯不好的孩子交往，而父母没有进行正确地干预和引导，可能会引发一些不良的影响。

1. 影响学习

与生活习惯不好的同学交往可能分散孩子的注意力，影响学业表现和学习习惯。

2. 价值观受影响

不良生活习惯的同学可能影响孩子的价值观和人生观出现偏颇，使其受到负面影响。

3. 行为模仿

孩子容易受同龄人的影响，产生可能模仿不良生活习惯的想法，甚至参与不良行为。

那么作为家长应该怎样对孩子进行引导呢？

1. 开放式沟通

父母应与孩子进行开放坦诚的沟通，了解他们的交往动机和感受，以便更好地引导。询问清楚孩子是因为什么样的原因想要和同学交往，家长清楚原因以后，才更能有针对性地给孩子进行分析和引导。

2. 正面引导

鼓励孩子参与积极的社交活动，结交品行良好、三观端正、有爱心、有责任心的朋友，培养健康的友谊关系。孩子随着年龄的增长，到青春期的时候，对友情的看重甚至会超过对父母的爱，但这只是人在成长过程中正常的一环，家长们要合理看待。要教导孩子树立正确的三观，要和同频的同学交往，互相影响互相进步。父母要成为孩子的榜样，展现良好的生活习惯和价值观念，引导孩子向正面的方向发展。父母在平时对待友谊的过程中，要给孩子做好良好的示范，对朋友要真诚、热情、不盲从、学会包容和付出，孩子就会从中学会如何更好地选择好朋友，如何更好地和朋友相处。

3. 教育风险意识

帮助孩子了解不良生活习惯可能带来的危害，增强他们的风险意识。可以分享一些因为交了不好的朋友染上不良习惯，并且给自己造成很大影响和后果的案例给孩子听。孩子的认知有限，通常无法预估会有什么不良的后果，家长要时时提醒孩子，让孩子在交友过程中保持清醒的状态。

父母的引导对孩子选择朋友圈至关重要。通过开放式沟通、培养自信心、正面引导和身教示范，可以帮助孩子建立正确的价值观和人际关系，使他们远离不良生活习惯的影响，走向健康成长的道路。交到真正的知心朋友，对孩子一生都有着非常重要的作用。

孩子喜欢背后说同学坏话怎么办

有位家长与我反映,她的女儿活泼开朗,爱交朋友,但有个坏毛病,喜欢在背后说同学的坏话,如说某个同学不讲卫生、成绩差,某个同学不爱劳动、生活没有品位,还喜欢给别人起外号。多次引导她不要背后议论别人,但她就是不听。

我们先来探讨一下孩子爱说坏话的原因。

1. 求得认同感和自尊心

孩子可能会觉得通过说别人坏话,能够在群体中获得认同感,提高自己的自尊心。

2. 嫉妒和竞争

孩子可能因为同学在某方面比自己强,引发嫉妒心理,从而通过说坏话来减轻自身压力。

3. 学习模仿

孩子可能从家庭、电视、网络等环境中学到说坏话的行为,将其视为一种社交习惯。

4. 情绪管理不足

孩子可能无法有效地处理负面情绪,于是通过说坏话来发泄情绪或寻找心理平衡。

5. 寻求注意和反叛

孩子可能希望引起他人的注意,或者试图反抗家庭或学校的规则,从而说出挑衅性的言辞。

那么,孩子爱说同学坏话会造成什么样的影响呢?

1. 破坏人际关系

说坏话可能导致同学之间关系紧张,甚至破裂,影响孩子未来的社交能力。

2. 影响学校氛围

学校的和谐氛围可能因为恶劣的言辞而受到破坏,影响整体学习和生活环境。

3. 心理健康问题

长期恶劣的社交环境可能导致孩子产生焦虑、抑郁等心理健康问题。

面对孩子爱说坏话的习惯,父母应该怎样来进行引导呢?

1. 树立榜样

父母应该成为孩子的榜样,展现出尊重和友善的社交态度。父母应该像对待朋友一样,经常与孩子沟通社交技巧。还可以把自己与同事或者竞争对手的相处模式拿出来与孩子进行探讨,为孩子树立一个正确的人际关系模式。言传不如身教,孩子会在日常的生活中,习得父母关于正确的人际关系的塑造。

2. 沟通和倾听

父母要与孩子建立良好的沟通渠道,倾听他们的感受和困扰,帮助他们更好地处理负面情绪。告诉孩子,误会是如何产生的,沟通不畅会导致什么样的后果,以及自己的负面情绪应该用什么样的渠道排解出去,比如,冥想、运动、写日记等。排解不良情绪,每个人都有不同的方式方法,要找到适合自己的方式方法,培养多种爱好。当孩子成年以后,遇到情绪困扰时,就能非常有效、快速地疏导坏情绪,重新找回对情绪的掌控感。

3. 培养同理心

同理心、换位思考,是一个孩子逐渐走向成熟的一个重要标志,家长们要有针对性地培养孩子的同理心,让他们能够站在他人的角度思考问题,了解别人的感受。可以适当举一些例子,让孩子们能够直观感受到别人的喜怒哀乐。

4. 树立道德价值观

教导孩子有关友谊、诚实和尊重的道德价值观,帮助他们建立正确的世界观、人生观和价值观。在教育的过程中，需要家长的耐心和爱心，并且持之以恒。最重要的是，父母需要尊重、理解和关爱孩子。通过积极的引导和教育，孩子将更容易理解友善和尊重的重要性，从而建立健康的人际关系，为未来的成长奠定良好的基础。

孩子不合群怎么办

在学校有些孩子会出现不合群的现象，老师、家长都担心不合群的性格会导致孩子出现心理困扰。

让我们一起来探讨一下，孩子不合群的原因。

1. 个性差异

孩子的性格特点可能与周围的同学不同，导致难以融入群体。

2. 社交技能不足

有些孩子可能缺乏与人沟通、合作和解决冲突的社交技能，难以建立友好关系。

3. 学习压力

随着孩子学业压力的增加，可能让孩子更加专注于学习，减少了社交活动的时间。

4. 自信心不足

孩子可能因为自身的外貌、能力等方面感到不安，从而缺乏自信心，不敢与他人交往。

5. 家庭环境

家庭因素，如父母的婚姻状况、家庭经济状况等，也可能影响孩子的社交能力和自信心。

那么，孩子不合群会有什么样的影响呢？

1. 心理健康问题

孤独和不合群可能导致孩子产生焦虑、抑郁等心理健康问题，影响其身心健康。

2. 学业受影响

不合群可能影响孩子在学校的学习，因为良好的社交关系有助于学习和知识的交流。

3. 自尊心受损

长期的不合群可能导致孩子的自尊心受到损害，影响其自信心和自我认知。

4. 人际关系问题

不良的社交经历可能影响孩子未来的人际关系，使其难以建立健康的友谊和亲密关系。

综上所述，不合群对孩子来说是有一定危害的，那我们作为父母应该如何去协助孩子融入集体呢？

1. 倾听和理解

父母首先应该倾听孩子的感受和困扰，理解他们的需求，给予足够的关心和支持。也许刚开始孩子也不愿意说，但是父母是孩子最重要的安全感和支持系统，只要保持足够的耐心和爱心，孩子一定会告诉父母不合群的真正原因。

2. 培养社交技能

父母可以帮助孩子培养社交技能，教导他们如何与他人交往、合作和解决冲突，可以通过角色扮演、讨论案例等方式进行。家长可以在家里通过示范，细致地教给孩子应该怎样去加入同学群体，也可以和孩子探讨，如果遇到实际的困难，应该怎样去处理和化解。鼓励孩子参与兴趣小组、社区活动等，扩大他们的社交圈子，结交志同道合的朋友。也可以利用孩子擅长的领域，去帮助同学，一起提升和成长，在这个过程中，孩子可以感受到助人的快乐情绪，同学们也会心怀感激，从而主动释放善意的信号。

3. 提升自信心

父母应该肯定孩子的优点，鼓励他们尝试新事物，培养自信心，帮助他们建立积极的自我认知，并且在家庭中营造温暖、和谐的氛围，让孩子感受到家是一个安全的、无条件支持他的港湾。只有感受到被父母全身心地接纳，孩子才能带着安全感去探索世界。

4. 寻求专业帮助

如果孩子的不合群问题严重影响了生活和学习，父母可以考虑寻求心理辅导。

总之，父母的支持和关爱对于孩子的社交发展至关重要。通过耐心的引导、积极的鼓励和正确的方法，孩子可以逐渐克服不合群的困扰，建立良好的社交关系，更加健康、快乐地成长。

孩子对父母大吼大叫怎么办

我们都知道,孩子是家庭的希望,是未来的种子。有时候我们会面临一个令人困扰的问题:孩子会对我们肆无忌惮地大吼大叫。这种行为不仅让我们感到无助和沮丧,也影响了整个家庭的和谐与幸福。当遇到这样的问题时,作为家长,我们该怎么更好地去改变孩子这样的坏习惯呢?

首先,我们要明白孩子为什么会对我们大吼大叫。孩子的情绪是复杂而脆弱的,他们可能会因为失望、愤怒、无助等原因而表现出这种行为。我们需要耐心倾听他们的心声,理解他们的感受,共情他们遇到的问题,并与他们进行有效的沟通,让孩子感受到我们的关爱和支持,这是建立亲子关系的基石。

其次,我们要树立良好的榜样。孩子生下来就像一张白纸,他们的未来如何,是父母在陪伴过程中为他们勾画而成。孩子是模仿的天才,他们会模仿我们的行为和语言。如果我们在家庭中经常大吼大叫,那么孩子也会学会这种不良的表达方式。因此,我们要以身作则,保持冷静和理智,用温和的语气且有耐心地与孩子交流。只有通过我们的言行一致,才能让孩子明白大吼大叫并不能解决问题根本,而是通过理性和平和的方式来解决矛盾。

再次,我们可以尝试一些积极的行为来化解孩子的愤怒情绪。例如,我们可以鼓励孩子参与体育运动,让他们释放负面情绪并培养身体素质。此外,我们还可以鼓励孩子培养艺术爱好,如绘画、音乐等,让他们通过创作表达内心的情感。这些积极的行为不仅能够帮助孩子调节情绪,还能提升他们的自信心和情商。

最后,我们要给予孩子足够的关注和陪伴。孩子对父母的大吼大叫,可能是因为他们感到被家人忽视或来自内心的孤独感。我们要抽出时间与孩子一起玩耍、阅读、交流，让他们感受到我们的关心和爱意。同时，我们也要给予孩子适当的自主权，让他们有机会学会自我管理和解决问题。只有在温暖和谐的家庭环境中，孩子才能健康快乐地成长，并学会用正确的方式表达自己的情感和需求。

　　亲爱的父母们，孩子的大吼大叫是一个常见的问题，但我们可以通过理解、耐心和爱心来解决。让我们一起努力，让家庭重新充满和谐与幸福的氛围。让我们成为孩子的榜样，引导他们用理性和温和的方式表达自己。让我们给予孩子足够的关注和陪伴，让他们感受到我们的爱意和支持。让我们用创意和智慧，将爱回归家庭。愿每个家庭都能成为孩子成长的温床，让爱的力量在我们的生活中绽放！

孩子不跟父母说话怎么办

孩子不跟父母说话，这是让很多家长感到特别难受和心痛的问题。在现代社会，家庭成员之间的沟通变得越来越困难，尤其是孩子们。他们可能因为各种原因选择不与父母交流，这给家庭关系带来了很大的挑战，但是，作为父母，我们有责任找到解决办法，重新建立与孩子之间的良好沟通。

首先，我们需要用心去了解孩子为什么不愿意与我们交流。可能有很多原因，比如，他们觉得父母不理解他们，或者他们害怕被批评或惩罚。还有可能是因为他们觉得自己的问题在父母这里不重要，或者作为父母的我们从来就没有跟孩子建立起相互信任的关系，而导致孩子不愿意与我们沟通。无论原因是什么，我们都需要尊重孩子的感受，并且试图理解他们的想法。

其次，我们可以尝试改变我们自己的态度和行为，走近孩子，以鼓励的方式让孩子主动与我们交流。我们可以给孩子足够的空间和时间，让他们感到我们给予的安全和舒适感。当孩子愿意与我们交流时，我们要保持耐心和开放的心态，不要以批评或指责的态度去评价他们的观点。我们可以通过实际行动来表达对他们的关注和理解，让他们感受到父母对他们无条件的接纳和包容。

再次，我们还可以尝试不同的沟通方式和工具，以激发孩子的兴趣和参与度。这其中包括使用游戏、绘画、音乐或其他创意的方式来与孩子建立沟通交流的机会。我们可以找到一些共同的兴趣点，建立起互相理解和信任的基础。

最后，我们也可以寻求专业的帮助和建议。比如，心理学家、家庭治疗师或教育专家，通过他们的专业知识可以提供有价值的意见和指导，帮助我们解决家庭沟通问题。他们可以通过一些专业的方法，来帮助我们了解孩子的内心世界，并提供一些实用性的技巧和策略，以促进良好的家庭沟通和亲子关系。

最重要的是，我们要坚持不懈地努力。建立良好的家庭沟通是需要时间和耐心的。我们要给予孩子足够的支持、鼓励和陪伴，让他们知道我们愿意倾听和理解他们。只有通过不断的努力和沟通，我们才能够重新建立起与孩子之间的紧密联系，使家庭关系更加和谐和幸福。

总而言之，当孩子不跟父母说话时，我们不能放弃，相反，我们应该积极主动地寻找解决的办法，重新建立与孩子之间的良好沟通和亲子关系。通过尊重孩子的感受、改变自己的态度和行为、寻求专业的帮助和坚持不懈地努力，逐渐改善家庭关系，让孩子感到被爱和支持。让我们一起为了更加和谐和幸福的家庭而努力吧！

孩子被同学孤立怎么办

每个孩子都是父母的心头肉,当我们知道孩子在学校被同学排挤和孤立的时候,可能会很心疼孩子。在这个社交化的环境中,孩子们面临许多挑战和困扰,然而,作为家长,我们可以采取一些积极的措施来帮助他们渡过这个难关,交到更多的朋友。

首先,我们要与孩子建立良好的沟通。坦诚地询问他们是否遇到了什么问题,并鼓励他们分享自己的感受。学会倾听孩子的心声对于我们家长来说非常重要,让他们知道可以信任我们,我们是爱他的,我们会一直支持他,是他最坚强的后盾。

其次,我们可以帮助孩子培养自信心。鼓励孩子在学校积极主动地参与各种活动,走近同学,鼓励他们参加一些校外兴趣班或者户外娱乐活动,让他们发现自己的特长和潜力。这样的经历能够增强孩子的自尊心,并为他们提供与其他志同道合的孩子交流的机会。

同时,我们也要教导孩子如何与人相处。与孩子一起探讨友谊的重要性,鼓励他们学会懂得分享,尊重他人、耐心倾听、谦让别人、包容他人。我们可以通过角色扮演和举例说教,例如发生在我们自己身边的故事,讲给孩子听,教导他们如何应对与同学之间发生的冲突和解决问题。

再次,我们可以与孩子的老师或学校辅导员进行沟通,寻求他们的支持和帮助。学校可以组织一些友谊促进活动,如合作游戏、团队项目等,让孩子有更多机会与同学交流和合作。同时,老师和辅导员也可以提供一些针对性的建议和指导,帮助孩子更好地处理同学间的关系问题。

最后,如果孩子与好朋友关系持续性恶化,无法通过自己的努力去解决问题,我们可以寻求外界的专业人士的帮助,如儿童心理专业咨询师或学校心理辅导员的帮助。可以通过他们的专业知识和方法了解孩子的问题，更好地帮助孩子解决问题。

教育孩子最重要的是，作为父母的我们要以身作则，给孩子树立一个正确的价值观。教导他们尊重他人的差异和多样性，鼓励他们成为友善、宽容和善良的人，同时，也要教导他们做事坚持自己的原则，不要被别人的意见左右。

孩子被同学孤立的困境并非是不可逾越的障碍。通过我们的关爱和引导，他们可以慢慢地学会适应和克服困难。让我们一起为孩子们创造一个温暖、友善和包容的环境，让他们感受到家庭和社会的支持与关爱。让孩子们在成长的道路上不再感到孤单，让他们拥有快乐、健康和充实的童年！

孩子出现"社恐"怎么办

大家也许都觉得社交恐惧症（社恐）似乎只是属于成年人的问题，然而，现状是越来越多的孩子也被这个心理障碍所困扰。"社恐"不仅限制了孩子的社交能力，还会对孩子的自尊心和情绪健康产生严重的影响。作为父母的我们有责任帮助孩子克服这个困境、走出这个的困境，自由自在地展现自己的天赋和才能。

首先，我们要理解"社恐"是如何影响孩子的。"社恐"常常表现为与陌生人交流、公开演讲或参加集体活动等社交场合的恐惧感。孩子们可能会感到紧张、害怕被评价、害怕被拒绝或被嘲笑，这些负面情绪会限制他们的行动和表达，阻碍他们与他人建立友谊关系。

其次，为了帮助孩子克服"社恐"，我们可以采取以下措施。

1. 建立安全的环境

为孩子创造一个安全、宽容的环境，让他们感到被接纳和支持。鼓励他们表达自己的想法和感受，无论是在家庭中或者在学校里，还有外面的朋友关系中。

2. 逐步暴露

逐步引导孩子面对他们害怕的情境，一点一点地帮助他们逐渐适应并克服恐惧。可以从一对一的亲密关系开始，逐渐扩大到小组活动和公开演讲等更具挑战性的场合。比如，在学校有集体活动时，多鼓励孩子参与，提前跟老师多做沟通，跟老师说明孩子的情况，即便是表现不太好，老师在知情的情况下也不会责备孩子。

3. 角色扮演

通过角色扮演的方式，让孩子模拟社交场合中的情境，帮助他们练习应对和自信的表达。作为父母的我们可以扮演不同的角色，做一些亲子小游戏，与孩子进行互动，让他们学会处理各种社交情境。

4. 培养兴趣爱好

鼓励孩子参与各种兴趣爱好的活动，比如，绘画、音乐、体育运动等，这些活动可以提高他们的自信心和社交能力。同时，这些活动也为他们提供了与其他志同道合的人交流的机会。

5. 寻求专业帮助

如果孩子的"社恐"症状严重，并且影响了孩子的正常生活和学习，建议寻求专业心理咨询师或心理医生的帮助。专业人士可以根据孩子的具体情况提供个性化的治疗方案和帮助。

最后，最重要的是，克服"社恐"需要时间和努力，孩子们需要我们的支持和鼓励。我们要给予孩子足够的理解和耐心。作为父母的我们，要给孩子营造一个充满爱和尊重的家庭环境，帮助他们摆脱社交恐惧的困扰，展现他们真正的自我。少一些批评，少一些指责，多一点包容，多一点爱，让孩子在一个有爱的、温暖的家庭中生活，让孩子们的心灵自由飞翔，让他们勇敢地面对世界的挑战。

孩子与好朋友闹矛盾怎么办

我们都知道，孩子在成长过程中难免会遇到各种问题和挑战，其中，与好朋友闹矛盾对他们来说是一个常见的困扰。当我们看到孩子与好朋友之间出现矛盾和冲突时，很多家长会很平淡地说"没关系，他们一会儿自己就和好了"。然而，作为父母的我们应该如何帮助孩子们处理这种情况，以促进他们社交技能的提高和情感发展呢？

首先，我们要以开放的心态去倾听孩子的心声。孩子们有自己的感受和想法，我们需要给予他们一个表达的空间。找一个相对安静的环境，与孩子进行真诚的沟通，了解他们内心世界的真实想法，理解他们所面临的问题。同时，我们也要注意不要过度干涉，给予他们足够的自主权，让孩子在爸爸妈妈的引领下，学会自己处理人际关系。

其次，我们可以引导孩子主动解决问题。友谊是相互的，我们要教会孩子主动与好朋友进行沟通和交往。鼓励孩子主动寻找解决问题的方法，帮助他们学会与人合作、分享和互相尊重。同时，我们也要提醒孩子友谊的可贵之处，让他们明白友谊是需要维护的，更让他们明白在人生当中友谊是不可缺失的。

再次，我们可以利用游戏和活动来促进友谊的重建。安排孩子与好朋友一起参加一些有趣的活动，例如，户外运动、手工制作、看一场都感兴趣的电影等，让他们重新建立联系和互动。通过共同的兴趣爱好，孩子们可以更好地了解彼此，增进友谊。

复次，我们还可以鼓励孩子发展更多的兴趣爱好。当孩子有了自己的兴趣爱好，他们会更加自信和快乐，也能够与更多的小伙伴建立起友谊。参加一些兴趣班、社团或者俱乐部，让孩子有机会结识更多志同道合的朋友，从而扩大他们的社交圈子。

最后，我们要给予孩子足够的支持和鼓励。在孩子与好朋友重建友谊的过程中，他们可能会遇到一些挫折和困难。作为家长，我们要给予他们积极的反馈和支持，让他们知道我们相信他们能够解决问题，鼓励他们坚持下去。

亲爱的家长朋友们，孩子与好朋友闹矛盾是成长过程中必然的经历，而我们作为家长的角色是引导他们走出困境，教会他们学会处理人际关系。要让孩子懂得谦让，更要让孩子懂得给人机会，允许朋友犯错，给他们改正的机会。让我们用爱和智慧，帮助孩子重新点燃友谊的火花，让他们在友谊的海洋中茁壮成长！愿每个孩子都能拥有真挚的友谊，感受友谊的温暖！

孩子"早恋"怎么办

孩子"早恋"是让很多家长感到头疼的问题，我们都希望孩子能够健康成长，专注于自己的学业和个人发展。然而，青春期的孩子往往容易被感情的波澜所冲击，这是他们人生成长过程中的一部分。作为家长，我们应该如何应对孩子"早恋"的问题呢？

首先，我们一定要保持冷静和理智。当我们发现孩子有"早恋"的迹象时，不要过分激动或责备，这只会让孩子更加封闭和隐瞒。相反，我们应该以平和的态度找个合适的时机与他们进行交流，了解他们的感受和想法。尊重孩子的感受，给予他们倾诉的空间，让他们感受到我们的支持和理解。

其次，我们要与孩子建立信任和沟通的桥梁。青春期是孩子们探索自我身份和人际关系的时期，他们需要我们的指导和支持。我们可以定期与孩子进行心灵沟通，询问他们的学校生活、朋友圈子和感情状态。当然如果想更深入了解孩子的情况，作为父母的我们，也少不了与学校老师的定期沟通，通过老师我们可以更多地掌握孩子近期在学校的状态。通过多方面对孩子近期情况的了解和交流，我们可以更好地了解孩子内心的需求和困惑，及时发现早恋问题的蛛丝马迹，更及时且有效帮助他们。

再次，我们也要正确引导孩子的情感发展。"早恋"并不意味着孩子的人生将会失败，但我们需要帮助他们理解爱情的本质和成熟的情感观。我们可以与孩子分享我们的亲身经历和智慧，告诉他们爱情需要时间和成长，而不是匆忙和冲动。同时，我们可以鼓励孩子参与更多的课外活动，培养他们的兴趣爱好和社交能力，让他们在多元化的环境中发展自己的个性和能力，转移他们对异性的好奇心，分散他们的注意力。

复次，我们要与学校和老师合作，共同关注孩子的成长。学校是孩子们成长的重要环境,毕竟孩子们在学校学习的时间多过在家里的时间。我们可以与老师沟通,了解孩子在学校的表现和交友情况。如果发现孩子的"早恋"问题严重影响了学习和生活,我们可以请教老师的建议和帮助,共同制订解决方案。

最后,我们要给予孩子足够的爱和支持。无论孩子是否早恋,我们都要让他们感受到来自父母的爱、关怀和包容。我们可以与孩子一起分享快乐和困难,给予他们积极的鼓励和肯定。同时,我们也要为孩子树立正确的榜样,让他们从我们身上学到正确的世界观、人生观和价值观。

亲爱的家长们,孩子"早恋"是一个复杂而敏感的问题,我们不能简单地以禁止或忽视且武断的方式来解决。我们应该以开放和理解的心态去面对孩子的"早恋"问题,并通过合适的方式引导他们健康成长。让我们一起陪伴孩子度过这个成长的阶段,共同见证他们成为独立、自信和有爱心的人。祝愿我们的孩子健康快乐成长!

孩子不懂如何与同学相处怎么办

青春期的孩子越来越需要友谊的滋养，但如果一个孩子不懂得如何与同学相处，容易闹矛盾，则会导致孩子情绪易低落、影响学业、自尊下降，破坏社交能力的发展。下面我从这个阶段孩子容易与同学闹矛盾的原因，以及父母如何引导两方面来分享。

孩子容易与同学闹矛盾的原因有以下三点。

1. 沟通问题

青春期孩子的理解能力和社交经验有限，有时候可能会因为语言表达不清或者缺乏沟通技巧而产生误会、分歧，造成矛盾冲突。

2. 竞争与嫉妒

在学校社交环境中，孩子可能因为成绩、奖励、家境、装扮等方面的竞争，而产生嫉妒心理，未能正确处理则容易产生冲突。

3. 个性差异

孩子和同学的个性差异。例如，性格、兴趣等方面有所不同，又无法求同存异时，可能产生分歧；彼此之间有不同的期望和需求，比如，一个期待更多的关心，而另一个希望被信任，有更多的独立性，当这些需求未能明确沟通，彼此协调时，都可能引发误解、矛盾，造成冲突。

当孩子和同学之间出现矛盾时，父母应该如何引导呢？

1. 及时发现，倾听孩子心声

先让孩子表达自己的感受和想法，包括对朋友的不满或抱怨。父母认同和接纳孩子的感受，这有助于孩子释放情绪。与此同时，家长还应该告诉孩子，很多人都会面临这个问题，这是成长过程中必经的历练，而通过努力是可以改变的，父母也会站在他身边支持他，帮助他解决这个困境。

2.找到原因，做出调整

帮助孩子平静下来后，如果孩子需要，可以和他一起分析矛盾发生的原因，一起商量解决方案，比如，是否是因为孩子在班上炫耀自己某个优势，导致恰好这个方面比较弱的朋友心生嫉恨，因此疏远了他。如果是这个原因的话，那么应该怎么办呢？首先，我们还是要肯定孩子的优势，然后再问问他，在班级里"炫耀"的意义是什么？如果自己和朋友调换角色，你会有什么感受，会渴望你那个有优势的朋友对你做什么？这个时候，孩子往往能明白过来，真正的朋友是相互帮助，而炫耀并不会让自己真正光彩，反而可能让他人难堪。那如果是因为孩子在发生误会或者矛盾时不知如何准确表达，父母可以和孩子进行一些角色扮演，练习相应场景中的应对语句。

父母协助孩子找到方法，但注意不要代替孩子做出决定，父母还可以追踪事情的发展、转变及结果，引导孩子复盘总结，举一反三。通过这样的探讨，让孩子学会自我察觉，对自己的认识越来越清晰，要成为一个什么样的人，要和什么样的人为伴，进而勇于调整与改进。

3.培养孩子的同理心

在日常生活中，给孩子提供机会去体验他人的情感。例如，在电影、电视、书籍和音乐中讨论角色的情感和感受；让孩子通过绘画、写作或口头表达来讲述自己的感受；如果孩子嘲笑他人，你可以告诉他这种行为会让别人感到伤心和难过。这可以帮助孩子更好地理解他人的感受，并培养他们的同理心。孩子有了同理心，即便与朋友有了矛盾，他们也能更容易与朋友和解。

总之，当孩子和朋友之间出现矛盾时，父母需要以耐心和理解的态度引导他们，教导他们积极的沟通和解决问题的方式，同时鼓励孩子发展健康的人际关系，培养友善和包容的心态，从而更好地应对社交挑战。

孩子与父母的关系闹僵了怎么办

随着孩子年龄的成长,身体、心理都会发生很大的变化,他们认为自己长大了,但其实是最需要父母肯定和引导的关键时期,如果亲子关系经常处在僵持的状态,对孩子的情绪、学业、社交关系都会产生负面的影响。下面从孩子与父母闹僵的常见原因与解决方法两方面来分享。

孩子与父母闹僵的常见原因有以下3个方面。

1. 身心变化

青春期随着激素快速增加,孩子们的身心变化很大,情感丰富而敏锐,但缺乏对客观事件的理性思维,导致他们很容易受环境影响,情绪起伏不定。如果父母和他们自己对这一生理现象了解不足,很容易彼此指责怨怼,导致亲子关系紧张。

2. 寻求独立

随着年龄增长,孩子开始形成自己的价值观,会感到自己已经长大,需要有更多自主权、话语权。如果父母仍然把他们当成小孩子来对待,就容易产生矛盾。

3. 家庭沟通

青春期的孩子家庭关系、学业、社交、外形、性格等各方面的问题都可能对他们造成持久的困扰,如果家庭缺乏温暖的氛围,难以有效地沟通,孩子的情绪就很容易以冲突的形式表现出来,导致误解和矛盾。

对于这种情况,父母如何调整并有效地引导孩子呢?

1. 找到问题根源,积极调整

最重要的调整是父母去匹配孩子成长的需求。是孩子在学业、社交还是哪方面的压力,需要关怀与引导?还是父母管控太多,让他们无法走向独立？或者不确定究竟是什么原因，都请父母先停止对孩子的失望与指责，通过面对面或写信的方式，对以往未能及时觉察、帮助到孩子，甚至错误地干预孩子的地方坦诚道歉，这是重新建立有效沟通的第一步。

2. 建立新的亲子关系

孩子是独立的个体，很多事情他有自己的观点和看法，与父母不一致，这很正常。父母要学着妥协，为孩子让路，甚至主动向孩子学习，听取他们的意见，逐渐放手让孩子对自己的事情做主，让他们有机会做决策并自我负责，在实践中获得成长。

像对待朋友一样对待你的孩子，鼓励孩子表达自己的想法、感受，而不是武断地打断他、说服他，哪怕有不同看法，你也要理解他们的立场，不要轻易批评指责。这样，孩子才能向你敞开心扉，倾诉他的困扰，父母才有机会去帮助他们。

引导孩子时，平等地分享探讨不同立场可能的观点、感受，让孩子拥有更多视角、更高维度的观察与思考。同时，也养成彼此倾听、理解、尊重的习惯，避免矛盾的产生或激化。

3. 设定规则，树立三观

有了和谐、顺畅的亲子沟通，还需要有明确的规矩和边界，确保孩子明白什么是可以接受的行为，什么是不可接受的行为，并且父母要以身作则地做到，成为孩子的榜样示范，让孩子感受到家庭的规范和秩序，树立正确的三观。

总之，在与孩子关系闹僵时，父母需要保持冷静，尊重孩子的个性，采取开放的沟通方式，以理解和支持的态度引导他们，帮助他们理解家庭是一个支持他和爱护他的温暖港湾，促使健康家庭关系的建立。

孩子说讨厌父母怎么办

青春期的孩子正是他们身心发展的关键时期，特别需要父母恰如其分地关怀、引导、帮助。但如果孩子表现得讨厌父母，抵触跟父母沟通，会很影响他们身心、学业等方面的健康发展。下面就孩子讨厌父母的常见原因与调整方案做分享。

孩子讨厌父母的常见原因有以下3点。

1. 情绪宣泄

如果孩子因为生活、学业、社交等问题而感到焦虑和沮丧时，他们可能会因此而对家庭产生负面情绪，认为父母是最亲近、最信赖的人时，还容易把情绪发泄在家人身上。这种情况下，孩子并不是真地讨厌父母，而是因为他们正处于情绪波动的青春期，还不知道如何化解自己的情绪。

2. 寻求独立

在青春期，孩子开始形成自己的身份认同和价值观，对家庭的传统观念产生质疑，不再完全相信或接受父母的价值观。他们渴望独立，希望拥有自由和自主权，不愿意被父母过分管束。如果父母不理解他们的变化和独立的愿望，还像小时候那样过度管教，就会导致孩子对父母的反感，甚至讨厌。

3. 寻求关注

有时候，孩子会用一些方式引起父母的关注，可能是因为他们感觉被忽视了，或者认为自己没有得到足够的关心，或者因为他们遇到困扰了，希望获得父母的帮助等，这些情况下，他们可能会采取一些负面的行为，如说些讨厌父母的话来吸引父母的注意。

没有哪个父母愿意被自己的孩子讨厌，那么，我们可以采取以下方法来帮助孩子。

1. 倾听与理解

首先，父母需要认真倾听孩子的话语，尝试理解他们为什么会有这样的感受，是宣泄情绪、寻求关注，还是渴望独立？无论如何，父母不要急于去批评教育，或者争论辩解，而是试图理解孩子的立场和需求，这样孩子才能感受到跟你的沟通是安全的，是被尊重和理解的，才能建立起信任关系，为后续沟通工作搭建桥梁。

2. 反思并改进

如果孩子表达了讨厌父母的态度，父母需要反思自己的行为和教育方式是否有可以改进的地方。比如，在与孩子的交往中是否对孩子自己的事情过多干涉？是否给予孩子的肯定太少否定太多？是否对孩子期望太高，又没有帮助孩子找到合适的方法？与孩子是否有共同的兴趣爱好？是否陪伴孩子太少？家庭关系是否和谐安全？父母情绪是否稳定等家长通过反思调整行为和教育方式，以更好的状态来与孩子相处，从而减少孩子对父母的反感情绪，增进亲子交流，促进关系的和谐。

3. 寻求帮助

如果孩子对父母的反感情绪持续存在，或者父母难以处理这种情况，可以寻求专业的帮助。例如，可以寻求家庭咨询师或心理医生的建议和支持，他们可以提供专业的指导和建议，帮助父母和孩子更好地沟通和解决问题。

总之，在面对孩子表达讨厌父母的情况时，父母需要理性应对，倾听孩子的声音，用理解和爱心去回应，帮助他们度过青春期这个情绪波动较大的阶段，促使家庭关系更加和谐。

孩子不愿意跟父母沟通怎么办

孩子不愿意和父母沟通可能有多种原因。

首先，隐私和独立性的原因。青春期的孩子，渴望独立和拥有自己的隐私，与父母分享太多个人信息，会让他们觉得父母会侵犯他们的隐私。

其次，因为父母和孩子成长在不同的时代，对于价值观、兴趣和沟通方式有不同的理解，所以孩子会觉得和父母之间有代沟，父母不能理解他们的想法。

孩子面临来自学业的巨大压力，导致他们没有足够的时间和精力来与父母交流。此时孩子的社交圈子可能变得更加重要，他们可能更愿意与同龄人分享感受和问题。

另外，青春期的孩子，会面临一些情感问题，如焦虑、抑郁等，他们担心父母无法理解自己和过多的干涉、管控，所以不愿意与父母分享自己的情感困扰。

孩子不愿意和父母沟通，对孩子的成长会有一系列影响。

首先，沟通障碍。父母和孩子之间长期的沟通问题，会导致亲子之间产生沟通障碍，进而影响亲子关系的质量。

其次，孩子会感到孤独，缺乏亲人的支持和理解，这会让孩子感到孤立，从而影响他们的情感健康和幸福感。长期的沟通问题，还会影响孩子的情感健康，导致焦虑、抑郁等心理问题。

最后，孩子不愿意与父母沟通，导致父母不能及时发现孩子的问题，从而无法帮助孩子解决问题，问题积压时间越久越危险。

如果不愿意和父母沟通，他们会更多地依赖同龄人，而不是家庭。如果接触到不好的同龄人，后果是不敢设想，会对他们的社交关系和价值观产生影响。

那么，父母怎样才能解决孩子不愿意和父母沟通的问题呢？

首先，父母要尊重孩子的隐私。父母要把孩子放在平等的角度去对待，给予孩子一定的隐私空间，让他们感到被尊重和独立。父母要主动倾听孩子的需求和感受，不要添加自己主观意识的批评或评判，而是以理解和支持的态度倾听。同时，父母要尊重孩子的独立性，鼓励他们自己解决问题，同时要让孩子明白，在遇到困难的时候，父母会无条件地提供支持。

其次，父母和孩子之间要建立信任。父母要试着走进孩子的内心世界，了解孩子的内在需求，建立互相信任的关系，让孩子知道他们可以在需要时向父母寻求支持和建议。无论父母工作再忙，也要定期安排时间与孩子交流，不仅关注学业，还要关心他们的兴趣、平时结交的朋友和情感状态等，让孩子感受到父母对自己无条件的关爱。

最后，创造开放的沟通环境，建立一个开放的家庭氛围，鼓励孩子分享他们的感受和问题。父母可以成为沟通的榜样，在日常生活中，给孩子展示良好的沟通技巧和尊重。如果孩子面临严重的情感问题或沟通障碍，父母可以寻求专业心理健康的帮助。

总之，解决孩子不愿意和父母沟通的问题，需要家庭的理解、尊重和耐心。父母应该努力建立开放的沟通渠道，少说多观察，学会倾听孩子的需求，并提供支持，同时尊重他们的独立性。通过积极的家庭环境和亲子关系，父母可以帮助孩子建立良好的沟通习惯，同时促进健康的情感发展。

孩子觉得父母期望值太高怎么办

在当今竞争激烈的社会环境中,许多孩子面临沉重的学业压力。在这种情况下,一些家庭的父母可能会对孩子的学业表现提出过高的期望。

为什么父母会有这么多焦虑呢?

首先,现代社会对教育和职业的要求越来越高,父母自身就会受到来自社会的各种压力,自然也希望自己的孩子能够在激烈的竞争中脱颖而出,更好地应对未来的挑战。

其次,家庭的经济状况会影响父母对孩子的期望。一些家庭为了孩子的教育投入大量的金钱和精力,因此期望孩子能够取得相应的回报。这种经济压力会让父母非常希望孩子通过出色的学业表现来实现他们的期望,回报父母的付出。

而且现在很多的家庭,会将优秀的学业成绩视为成功的唯一标志,是可以进行大肆炫耀的。还有一些家庭的父母曾经通过学业取得杰出的成就,获得很多福利,因此父母们对孩子的期望也是要与自己的高度相匹配。

在各种社会、家庭的沉重压力下,父母自然对孩子有很高的期望值,但是这些期望值表达不当却会给孩子带来巨大的压力,还可能产生反效果。

第一,高期望通常会导致学业压力的增加,孩子为了满足父母的期望而过度努力,而忽视了自己的身心健康。

第二,孩子因为感受到过高的压力出现情绪方面的问题,如焦虑、抑郁等病症。

第三,父母的高期望导致家庭关系紧张,父母的语言压力会让亲子关系越加严峻,最终在孩子青春期时爆发。

第四,孩子因为感受到父母的期望却无法实现,从而失去对自己的自信,不清楚自己到底想要什么,没有目标。

那作为父母我们可以怎么做来缓解自己的焦虑并且让孩子没有那么大的压力呢?

第一,树立合理的期望。父母应该根据孩子的实际情况,制订合理的期望。特别是在高中这个阶段,更应该结合孩子的兴趣、特长和能力来制订符合实际的目标。过高的期望不仅会给孩子带来巨大压力,也可能削弱他们的学习动力。父母应该鼓励孩子发挥自己的优势,尊重孩子的选择,不将自己的期望强加给孩子。

第二,沟通的方式。在高中这个阶段,孩子已经形成自己的思想和观点,父母需要做的是了解孩子的观点、感受和担忧,倾听他们的心声。在这个过程中,更多地去听孩子怎么说,不中断、不质疑,而不是一味地只将自己的期望和要求传达给孩子,命令孩子遵照执行。

第三,建立积极的家庭氛围。营造积极、和谐的家庭氛围对孩子的成长非常重要。高中的学习压力已经非常大了,父母在家庭中尽量营造愉快轻松的氛围为孩子减压,给予孩子充分的信任和支持,让孩子有足够的安全感来应对挫折和挑战。

父母通过对孩子的理解和尊重,能够帮助孩子在面对高期望时更好地应对挑战,发挥自己的潜力。

孩子和老师发生冲突怎么办

家庭教育是孩子成长道路上的重要环节，而孩子与老师之间的矛盾是不可避免的挑战。当孩子和老师发生冲突时，家长不仅是孩子的支持者，更是沟通的桥梁。先要了解青春期的孩子与老师发生冲突的原因有哪些？

首先，学业压力可能是导致冲突的主要原因之一。随着学习内容的增加，不仅是孩子，老师们的压力也同样很大，老师希望孩子们保持良好的学业成绩来面对高考，而孩子们在面对学习压力时容易情绪紧张、疲劳，当孩子和老师在学习上产生分歧时就容易不满或者抱怨，引发冲突。

其次，青春期的孩子正在形成自我独立的性格。这个时期叛逆、情绪波动等都是他们的特点，如果学生的性格与老师相冲突，或者与同学之间存在矛盾，就容易在教学环境中与老师产生摩擦和冲突。

再次，青春期的孩子还面临对自身情绪或需求不够了解的问题，当他们无法有效地表达自己的需求时，就可能产生沟通障碍。如果老师也未能适当倾听学生的声音，就可能导致矛盾激化。

最后，老师的教育方法和态度也可能引发冲突。如果老师的教学方式不适应学生的学习风格，或者在处理学生问题时缺乏耐心和理解，就会导致学生对老师产生负面情绪，从而发生冲突。

但孩子如果和老师关系不好，经常发生冲突，第一个对孩子的影响就是学业。与老师的关系紧张可能会使学生不愿意在课堂上积极参与，甚至影响对学校的兴趣和参与度。这种情况下，学生的学习成绩和学业发展都会受到影响。第二个影响是与老师之间的持续冲突会导致学生的情绪压力增加，出现焦虑、抑郁等心理健康问题。长期的紧张状态还会影响他们的自尊心和自信心，甚至引发更严重的心理问题，对他们的整体发展产生长期影响。第三个影响是使他们在同学中感受到排斥和孤立，影响到他们的友谊和社交圈子。这种社交孤立可能进一步加剧学生的心理压力，形成恶性循环。

这时，父母就起了关键的作用，我们可以使用以下这些方法来帮助孩子。

第一，倾听孩子的诉求，了解他们的观点和感受，是解决问题的第一步。父母先给孩子提供一个安全的环境，让他们可以诚实地分享与老师发生冲突的经历。

第二，父母主动与老师沟通，建立合作关系。尊重老师的工作，了解学校的教学理念和规定。代替孩子向老师表达孩子的观点和感受，并就这个部分与老师交换意见，促成双方的理解和包容。与老师建立良好的合作关系有助于更好地解决问题，共同关心孩子的成长。

第三，父母可以鼓励孩子学会适当地、尊重地表达自己的意见和看法，同时教导他们学会倾听别人的意见，帮助孩子提高沟通技巧，这样有助于他们更好地与老师进行有效交流。

最重要的是，父母需要给予孩子足够的支持和鼓励。在孩子面临困难时，父母的支持和鼓励可以帮助他们渡过难关，增强他们面对困难的信心和勇气。父母在孩子与老师发生冲突时，应该起到引导和支持的作用，帮助孩子学会积极处理问题，促进师生关系的改善，从而保障孩子在学校获得良好的学习和成长环境。

孩子回避和家长沟通怎么办

孩子回避和家长沟通可能有多种原因。

首先，青春期是孩子身心发展快速、自我认知增强的阶段。他们可能正在探索自己的身份，希望获得更多的独立空间，因此会选择回避家长，保持距离感。

其次，学业压力和社交压力也使他感到焦虑和紧张。在学校面临的激烈竞争、复杂的同学关系，都会让他们情绪不稳定，不愿意与家长分享。

再次，互联网的普及也为孩子们提供了许多其他选择，例如，手机、社交媒体等。他们可能更愿意花时间在这些平台上，而不是与家长交流。

最后，有时候家长的期望过高或者沟通方式不当，也会使孩子产生回避情绪。如果家长过分干预、指责或者批评，孩子会选择回避，避免面对这些负面情绪。

孩子回避和家长沟通，可能导致的一些影响。

首先，沟通不畅会导致家庭关系紧张。家庭是孩子成长最重要的环境，如果沟通不畅，家庭氛围越来越紧张和冷漠，亲子关系会被彻底破坏。

其次，孩子会感到无助和孤独。由于缺乏与家长的沟通，孩子觉得自己在面对问题时没有支持和依靠，心理压力增加，导致情绪问题的发生。

最后，缺乏沟通最大的影响是家长无法了解孩子的需求和困扰，就无法提供恰当的支持和指导。这不仅会让孩子在学习上有阻滞，也会影响孩子三观的建立。孩子无法表达内心的情感和困扰，会感到沮丧、焦虑，甚至可能导致抑郁等心理问题的发生。

以上分析了问题的原因和影响，接下来就给家长一些应对孩子回避沟通的方法。

首先，要保持耐心和理解。家长要知道孩子正处于身心发展的关键阶段，心理有矛盾和挣扎很正常，家长需要给予足够的理解和支持，不要过分指责或批评。

其次，家长可以尝试与孩子建立信任关系，让孩子感受到自己是被理解和支持的。鼓励孩子分享自己的想法和感受，倾听他们的声音，让他们知道自己的看法受到尊重。

再次，家长要避免使用批评或指责的语气，而是采用开放性的问题，鼓励孩子分享自己的观点。提问时尽量使用开放性问题，而不是封闭性问题，让孩子有机会展开话题。家长不要"独断专权"，只想讲道理，而忽视孩子的感受。

最后，家长还可以主动参与孩子的生活。了解孩子的兴趣爱好，参与他们的活动，与他们共度时光。通过共同的经历，加深亲子关系，也有助于增强孩子与家长沟通的意愿。

最重要的是，要尊重孩子的个人空间。尊重孩子的隐私，不要过分干涉他们的私人空间，给予他们足够的自主权。这种尊重也会增加孩子与家长沟通的愿望。

总的来说，建立亲近的关系、保持开放的沟通、尊重孩子的独立性，是改善孩子回避和家长沟通交流这一情况的关键。

第四辑

情绪调试

04

孩子总爱哭怎么办

孩子经常哭泣可能有各种各样的原因,包括情绪问题、生理需求、社交困难、学业压力等。孩子哭泣是一种表达情感、需求和感受的方式,特别是在语言表达能力不够发达的早期阶段,哭泣是他们主要的沟通方式,通过哭泣来传达信息,获取安全感。如果孩子长期哭泣未得到疏解,会对孩子未来亲密关系的建立产生深远的影响,影响孩子安全型依恋关系的形成,形成回避型依恋或者是矛盾型依恋的关系。

经常哭泣的孩子可能会面临一些负面影响。

1. 影响情绪健康

长期的哭泣可能表明孩子内心存在较大的情绪问题,如果没有得到及时妥善的处理和疏导,可能会长期郁结而影响孩子的情绪健康,增加焦虑和抑郁的风险。

2. 影响人际关系

经常哭泣可能影响孩子与他人的关系,孩子无法清晰表达自己的需求,家庭成员、同学和朋友不能理解其真实的需求和感受,因此难以找到问题的症结。过于频繁的哭泣还可能使其他人难以理解孩子和接受孩子,从而影响孩子的社交关系。

3. 影响学业表现

在学校中,孩子可能因为情绪问题时常处于患得患失中,无法集中注意力,导致学习成绩下降。持续的哭泣也可能影响孩子在学校中的适应性和表现。

4. 影响自信心

长期的哭泣可能降低孩子的自信心,孩子在人际交往中无法与别人接近,会让他们产生自卑感,觉得自己无法像其他孩子那样掌握情绪,从而影响自尊心的发展，甚至在生理上表现出不适症状。

父母在处理孩子经常哭泣的问题时，可以考虑以下方法。

1. 倾听和理解

父母要耐心倾听孩子的哭泣，让他们释放情绪，待其冷静后了解他们的真实需求，并帮助其解决相应的问题。父母要给予足够的关心和理解，让孩子感受到安全和被重视。

2. 建立情绪安全感

建立良好的亲子关系是孩子情绪安全感的基础。父母可以帮助孩子建立情绪安全感，让他们知道无论什么情况下都可以向父母倾诉和寻求支持，用清晰的语言或行动表达自己的需求，以切实地解决困扰。

3. 教导情绪管理

父母可以教导孩子适当的情绪管理技能，例如，深呼吸、冷静思考、寻求帮助等。帮助孩子学会应对情绪问题的方法，使他们能够更好地处理内心的困扰，并约定下一次遇到类似的情况使用正确的处理方法。

4. 鼓励表达情感

鼓励孩子表达情感，可以通过绘画、写作、运动、角色扮演等方式，让孩子找到适合自己的方式来表达内心的情感和需求，或者让孩子在榜样身上吸取力量，学会控制和表达。

5. 设定积极目标

和孩子一起设定积极的目标，例如，培养兴趣爱好、参与社交活动、提高自信心等，帮助他们树立积极的生活态度。

6. 耐心和关爱

最重要的是，父母需要保持耐心，给予孩子足够的时间和关爱。理解孩子的情绪波动是正常的，父母的陪伴和支持是孩子走出困扰的重要力量。

通过以上方法，父母可以在孩子哭泣的时候给予适当的支持和指导，帮助他们更好地处理情绪，培养积极的心态，保持情感和心理健康。在孩子情绪稳定后，和孩子一起聊聊事情的起因、利弊和后果，告知其正确的应对方式。

孩子上课情绪失控怎么办

孩子上课情绪失控的原因可能有很多。首先，可能是因为学习内容太难，孩子无法跟上课堂进度，从而感到沮丧和焦虑。其次，孩子可能因为与同学间的人际问题，比如，受到欺凌而感到沮丧和愤怒。再次，还有可能是因为家庭问题，例如，家庭氛围不稳定、父母离异或者家庭成员间的冲突，都可能影响到孩子的情绪。此外，孩子可能也因为身体不适，例如，生病或者睡眠不足，在课堂上情绪失控。最后，孩子的情绪失控也可能与心理问题有关，例如，焦虑症、注意力缺陷多动障碍（ADHD）等心理障碍可能影响孩子的情绪调控能力。

孩子在上课时出现情绪失控的现象，并没有真正引起很多家长的重视，家长觉得回家和孩子说说，警告他不要扰乱课堂就可以了。殊不知，这样的情绪失控会给孩子造成深远的影响。比如，会影响孩子在课堂上的专注力和学习效果。当他们无法控制情绪时，难以集中注意力，会错过重要的学习内容，进而影响学业成绩。

如果是被同学孤立或欺凌导致的情绪失控，不仅会增加孩子的心理压力，还会影响孩子的自尊心和自信心。持续的情绪问题可能让孩子产生自我怀疑和自卑感，认为自己无法应对困难，降低了自身的自信心。这种心理状态可能会延续到日常生活中，从而影响他们的自我发展和自我认知。

父母可以采取以下方法来处理孩子在上课时的情绪失控问题。

第一，和老师交流孩子上课情绪失控的情况。但最重要的是听孩子说说发生了什么，让他在课堂上情绪失控。如果孩子不愿意说，也可以向孩子的同学去了解事情发生经过。这有助于父母判断下一步可以做什么来帮助孩子。

第二，如果孩子是因为学习压力大，情绪积压太久，在课堂上突然爆发,那父母就必须重视起来,在必要的情况下,可以寻求专业人员协助。这个时候千万不要责骂、批评或者威胁孩子,而是尽可能地给予孩子安全感,让孩子知道父母陪着他,站在他那边。

第三,如果是欺凌导致的情绪失控,那就需要和老师、学校以及欺凌方进行沟通。让孩子看见父母支持的态度,孩子才会更愿意去向父母表达。

第四,如果孩子就是突然觉得很烦躁,想要释放情绪,那家长就需要考虑带孩子去医院就医,根据医学来判定孩子的具体情况是什么样的,再来解决这个问题。

所以当孩子情绪失控时,父母不要立刻去指责孩子,而应该先听孩子讲述原因,再根据原因去帮助孩子处理,这样才能慢慢让孩子的情绪稳定下来,否则孩子的情绪只会越来越糟糕。

孩子一被指出错误就闹情绪怎么办

生活中,经常看到这样的场景,当家长指出孩子的错误时,孩子立马反驳:"我没有做错!"或者撅着嘴巴,一万个不乐意。还有的用眼睛斜视父母,一副生气的模样。

孩子似乎只能夸,不能说,一批评就闹脾气,您有这样的苦恼吗?下面我们就来谈谈这个话题。孩子为什么会有这样的表现呢?

其一,孩子的年龄小,无法准确理解他人的意图,将批评等同于"不被喜欢""被讨厌""自己很糟糕"等。

其二,家长平时与孩子的沟通存在问题。如果家长过度表扬孩子、迁就孩子,以孩子为中心,那么孩子可能会认为自己做的都是对的。一旦被批评,他不会认为是自己的问题,而是觉得自己被冤枉,或者被针对。

那么这种现象长期下去会带来怎样的后果呢?

第一,影响情绪。孩子变得易怒、多疑,一受到批评就生气,就觉得他人心怀恶意对待他。

第二,影响人际关系。别人一旦指出他的问题,他就变得激动,周围人就会抱着"惹不起,躲得起"的心态远离他。

第三,阻碍自身的发展。不能接受批评,就无法正视和改正自己的问题,当然也就无法更好地成长。

所以,孩子如果出现这样的问题,家长一定要重视。针对这个问题,家长可以采取以下的策略。

第一,表扬要具体。孩子小的时候,怎么看都可爱,家长们也乐于表扬孩子。但是如果家长的表扬总是夸大其词、泛泛而谈,会让孩子错误地认为自己都是对的,是不会犯错的。所以,家长的表扬应该具体。不要把"你真棒""你最厉害"放在嘴边，而是告诉孩子你为什么觉得他很棒，哪些具体的事情或行为让他得到表扬。

第二，有表扬也要有批评，但批评要"就事论事"，不要伤害孩子的自尊心。首先，我们在批评孩子时要控制自己的情绪。家长的情绪会让孩子害怕，孩子会下意识地想到各种办法保护自己，如充耳不闻或出现反抗的肢体动作等。其次，明确指出孩子做得不好的地方，以及为什么不好，让孩子清楚地知道自己哪些地方需要改进，以及怎么改进。同时，家长要注意，不要把批评变成攻击，不要用侮辱性语言，如"笨""傻"等词语，不给孩子贴否定的标签，不使用"你每次……""你总是……""我就知道……"等词语。

第三，明白"人非圣贤，孰能无过！过而能改，善莫大焉"。让孩子知道人在成长过程中，没有不犯错误的。但我们要认识到错误的行为，并且及时改正。在生活中家长可以寻找契机多次告诉孩子这个道理，如孩子的情绪状态不错时，给孩子讲讲自己小时候犯错的故事，以及名人故事等。

总之，解决孩子只能夸、不能说的问题需要家长在多个方面下功夫。通过调整自己的教育方式，帮助孩子提高情绪管理能力，改善孩子的这种行为，帮助他们更好地面对批评和成长。

孩子突然变得沉默了怎么办

有不少家长反映,到了小学高年级,孩子突然变得沉默寡言了,以前那个喜欢和父母分享小秘密的孩子突然变得沉默了。这种情况究竟是什么原因引起的呢?

首先,来自学业方面的压力。孩子到了小学高年龄段,随着学习知识量和作业量的增多,学业通常会更加紧张,他们可能因为不能较好地调节学习压力而变得沉默,也可能是因为学习成绩下降、害怕考试。其次,在学校或社交圈中遭受欺凌、排斥等问题,这会让他们变得自卑、压抑、孤独,从而开始变得沉默。此外,也可能是因为家庭内部出现了问题,有些孩子天生性格特别敏感,父母的争吵、家庭氛围的紧张、家庭的变故等家庭生态环境的变化,都会对孩子的心理造成影响,孩子感受到不被理解、不被支持,从而变得沉默。

孩子突然变得沉默的现象,如果不及时处理,可能会导致一些不良影响。

例如,会影响学业,导致成绩下降。因为长时间的沉默会被同龄人孤立,导致社会交往能力下降,如果得不到妥善处理,持续时间过久,就会发展为心理健康问题,如焦虑、抑郁等。可能导致家庭关系紧张。父母可能因为孩子的沉默而感到焦虑和困扰,互相抱怨、指责,家庭关系剑拔弩张。

那父母应该怎样去帮助孩子改变沉默状态呢?

首先,减少他们的压力。父母除了满足孩子合理的物质生活需求,关注孩子内心的想法也是非常重要的,父母需要与孩子建立起良好的亲子关系,互相信任,及时认真地倾听孩子的心声,鼓励他们主动表达自己的真实想法和内心感受。小学高年级的孩子会有很多自己的观点,有时候需要独处,父母一定要允许他们有独立的私密空间,尊重他们的想法,不强求他们做自己不愿意做的事。

其次，父母不要对孩子的学业成绩有过高的要求，不拿自家孩子和别人家的孩子作比较，不随意给孩子贴不好的标签，让孩子在宽松、愉悦的环境中生活、学习。对于孩子的表达不做个人评判、干涉，全然地接纳孩子，让孩子知道他们可以随时向父母倾诉，从而敢于向父母表达。

此外，在生活中父母要给到孩子高质量的陪伴，每年应该安排家庭出游，带他们走进大自然，走进博物馆，让孩子体会到父母是真正爱自己的，而不只是关注自己的学习。让孩子知道他们并不孤单，这一点对孩子来讲是非常重要的。

同时，父母也可以帮助孩子发展自己的兴趣爱好，在此过程中可以认识志趣相同的伙伴，有利于孩子结交朋友，这不仅可以让他们身心放松，还能培养孩子的自信心。

如果孩子的沉默持续了较长时间，已经影响日常生活和学习，父母要考虑寻求心理专家的帮助。最重要的是，父母需要有耐心和爱心，给予孩子足够的理解和支持，与孩子建立良好的沟通和信任关系是解决问题的关键。

孩子情绪起伏很大怎么办

随着孩子们步入青春期，生长发育的变化会导致体内的激素水平紊乱，容易引发情绪波动，而且青春期的孩子学业的强度和难度都增加了，孩子面临学业压力，一时无法应对也会导致他们情绪起伏很大。孩子的情感日益丰富，开始更加关注友情发展，在意同学关系，重视社交关系的建立，也会因为同伴关系而产生较大的情绪波动。当孩子们的自我意识发展迅速、独立意识增强、独立性和叛逆性增加时，更加意识到自己的优点和不足，常常会出现对成年人的反抗，这种自我认知的提升也是引发情绪不稳定的因素。

孩子情绪起伏很大会对他们产生什么样的影响呢？

最大的影响是，孩子会觉得失落、难受和孤独，不被父母理解就会持续出现情绪不稳定的状态，持续久了容易患上心理疾病。

父母面对孩子的情绪波动时可以尝试以下方法。

父母要耐心倾听孩子的心声，了解其成长过程中的困扰和压力，给予理解和支持。当孩子情绪不好时，父母应给孩子们及时的肯定，鼓励他们真实表达自己的感受，帮助孩子敢于面对自己的情绪。

在家庭关系中，如果父母之间互敬互爱，关系亲密，能够营造稳定、和谐、温馨的家庭氛围，就可以为孩子提供足够的安全感。通常情况下孩子是不会听父母说什么的，而是会看着父母是如何做的。父母日常生活琐事繁多、工作压力较大，对自己的情绪管理就显得更为重要，尽量做到不随意对他人发泄自己的不良情绪，为孩子做好榜样示范。

父母应该培养孩子正确看待情绪的观念，情绪是我们内在感受的呈现，父母要教导孩子适当地学会情绪管理技能，例如，当发现自己有不良情绪的时候，可以做深呼吸、冥想等。同时帮助他们更好地建立正确的情绪观，有情绪时能沉着冷静。家长还应该鼓励孩子参加体育运动,和孩子一起参与运动锻炼,保持良好的作息习惯,保证充足的睡眠,养成健康的饮食习惯,促进身体健康,有助于稳定情绪。父母可以帮助孩子树立积极乐观的心态,教导孩子不仅要看到问题,还要学会找到解决问题的办法。

小学高年级父母对孩子的支持和关爱是帮助孩子度过情绪波动时期的关键。通过倾听、理解和引导,父母可以和孩子一起学习情绪管理方法,帮助孩子建立健康的情绪管理方法,使他们更好地应对生活中的挑战。

孩子愤怒时浑身发抖怎么办

孩子在愤怒时可能会出现浑身发抖的现象。这种生理反应通常是由于情绪激动导致的身体紧张、血压升高和肌肉紧绷。我们来看看有哪些情况会导致孩子愤怒时浑身发抖？当孩子愤怒时，身体肾上腺素会增加，心率增快，血液流动速度加快，血压升高，神经兴奋，导致肌肉过度活动，从而可能引发浑身发抖的现象，这并不是疾病，而是一种正常的生理现象。但如果是持续时间比较长的发抖，就需要引起我们的重视了，可能孩子已经快要压制不住自己的情绪了。

孩子愤怒后就浑身发抖，可能会对孩子产生不良影响。长期的愤怒情绪和身体反应可能对孩子的健康造成负面影响，会增加患心血管和神经系统疾病的风险。也可能因为无法控制自己的情绪，处于情绪、身体都失控的状态而产生自卑感，进而影响自尊心的发展。

父母在看到孩子出现这种情况时，可以尝试用以下处理方法。

首先，要让自己冷静下来，不要用愤怒回应孩子的愤怒，要有耐心，保持冷静，也可以给孩子一个拥抱，有助于孩子缓解情绪。

其次，父母要认真倾听孩子愤怒情绪的来源，通过倾听理解孩子的感受和需求。尽量引导孩子表达自己的情绪感受，他究竟发生了什么情况？为什么会这样？让孩子认识到自己的情绪，给予孩子足够的宽容和理解。

再次，父母可以让孩子知道在自己愤怒时，可以选择立即离开让自己愤怒的现场，寻找一个相对安静的地方，冷静一下直到自己的情绪平复。并鼓励孩子用语言将情绪表达出来，或用笔记录、画画等方式来表达，帮助他们厘清思绪，找到问题发生的缘由，探究解决方案，让自己的不良情绪得以释放。

此外，父母和孩子要建立一个良好的家庭沟通渠道，鼓励孩子积极地与同学、老师保持顺畅、融洽的沟通交流。父母要让孩子知道他们可以随时与父母交流分享，从而减少愤怒情绪的聚积。

最后，平时父母也要跟孩子共同训练面对愤怒的方法，有的孩子说，在自己愤怒到浑身发抖的时候，希望父母能走开一会儿，给自己一点空间；有的孩子说，希望听音乐来缓解愤怒。那我们就知道，在处理孩子的愤怒时，父母需要耐心、理解和关爱。

愤怒，是每个人都会有的情绪，大家看到了原因、影响以及方法，就知道我们不能让孩子长期压抑自己的愤怒情绪，每一次的愤怒能合理地发泄出来是最好的，希望我们共同努力，调节好孩子的愤怒情绪。

孩子生气时用头撞墙怎么办

有些孩子在生气、愤怒或者自己犯错时，会用头去撞墙，这种激动的行为会让老师和父母担心孩子是不是出现了心理问题。

其实总体分析一下，孩子用头撞墙，一方面是家庭环境给他正确表达情绪的通道不明朗，孩子用极端的方式来引起父母的关注并获得自己想要的条件。另一方面是孩子通过伤害自己的方式来埋怨自己，向内攻击，只是方法过激。

孩子生气就用头撞墙，会吓到同龄人，导致人际关系出现问题，孩子会害怕跟他一起玩耍；也可能会引起父母和老师不断的教育，让孩子找不到更好的方法而埋怨自己，久而久之，容易导致孩子产生心理困惑或者心理障碍。

父母面对孩子生气时用头撞墙的行为，要如何解决和应对呢？

父母在面对孩子用头撞墙的行为时，一定要保持冷静，千万不要用愤怒或惊慌的情绪回应孩子的行为，以免加剧孩子的情绪激动，造成不必要的伤害。虽然比较考验家长朋友们，但这是非常重要的。面对孩子的这种情绪，父母要以平和的态度来应对，不可压制或打骂，否则，孩子压抑的情绪长期得不到宣泄，等进入青春期后，叛逆心理和暴力倾向就会加剧。当孩子生气用头撞墙时，父母要立即确保孩子的安全，想办法将孩子带离撞墙的地方，避免孩子撞击受伤。如果父母觉察到孩子生气时，可以及时转移他的注意力，让孩子不纠缠、忽略不愉快的事情，等情绪稳定了，再找机会沟通。

父母要在情感上给予理解，先顺着孩子的情绪疏导。这是安抚孩子激烈情绪的关键，父母要理解他们痛苦和困扰的感受，倾听孩子的心声，让孩子感受到父母的支持和理解。在适当的时候，对孩子的行为进行适当的管教，管教要宠爱有度，赏罚分明。当孩子蛮横无理时，家长要正面制止、纠正教育；当孩子有进步时也要及时表扬，强化孩子的正面行为，必要时应当教育他们不应该用自伤的方式来应对困难和挫折。

父母不要用打骂的方式来教育孩子，父母如果总是觉得孩子犯错了，动辄打骂和批评，就会让孩子以伤害自己作为处理情绪的方式。只有父母情绪稳定地看待孩子的情绪和错误，孩子才更容易健康平稳地成长。

在处理孩子用头撞墙这种极端行为时，父母的理解、耐心和支持是非常重要的。如果孩子的行为持续或加剧要及时寻求心理专家的指导，帮助孩子更好地应对情绪问题，避免孩子心理健康长期受影响。

孩子压抑自己的情绪怎么办

有时候孩子情绪化是一种对自己的保护。宁可让孩子把情绪表达出来，都不要让孩子压抑在心里。

有的孩子因承受着各种压力，受生理因素的影响，情绪波动也很大，如果孩子的情绪持续存在，没有合适的出口，孩子只能压抑在心底，这将对孩子的身心健康、学业状态、社交信心等产生诸多负面影响。下面从孩子压抑情绪的原因以及父母如何帮助孩子调整两个方面做分享。

孩子压抑自己情绪的常见原因有以下4种。

1. 社交压力

孩子在同龄人中感受到社交压力，因为害怕被拒绝、嘲笑或者排挤而感到悲伤，但他们又不愿意向人倾诉，这个时候，他们就选择压抑自己的情绪，不去表现出来。

2. 学业压力

学业竞争激烈，导致孩子为了保持好成绩而忍耐自己的情绪，以便更好地应对学业挑战。

3. 家庭问题

家庭内部问题，如父母的争吵、离异等，会使孩子产生内疚感，孩子害怕自己是父母不合的原因，因此选择不表达情绪。

4. 自我认知问题

孩子因为缺乏安全感或者自我价值感而感到不安，不知道如何表达自己的情绪，害怕自己的情绪会让人生厌或招来嘲笑，所以，他们会尽力隐藏自己的真实情感。

当孩子压抑自己的情绪时，父母可以采取以下3个应对策略。

1. 建立积极的家庭氛围

积极的家庭氛围可以让孩子感到安全和放松，容易与父母建立互信的关系，愿意分享自己的心事，表达自己的情感与需求，这样父母就可以给予孩子足够的支持和鼓励。

如果家庭氛围短期难以调整怎么办？那就创造更多与孩子一对一的时间，如一起散步、打球、看电影等，在陪伴孩子的过程中，不说教、不焦虑，只是倾听、陪伴、鼓励就好，让孩子慢慢愿意向你敞开心扉。

2. 培养孩子的情绪管理能力

让孩子明白，情绪没有好坏对错，而是一种能量，它不会自动消失，压抑的情绪都会储存在身体里，随时可能爆发，或导致身心疾病，我们需要理解它、表达它、让它流动。

引导孩子认识情绪，为情绪命名，表达情绪，父母多在生活中向孩子示范如何以健康的方式表达自己的情绪，如用语言、书写、绘画都可以，而不是采取攻击或逃避、隐藏的行为。让孩子充分认识到表达情绪是正常且健康的行为，而不是小心眼、敏感、羞耻的事，以此，帮助他们更好地理解、接纳、表达自己的情绪感受。

还可以教给孩子一些情绪管理的技巧，例如，深呼吸、数数或者找到一些安静的地方放松自己。这些技巧可以帮助孩子更好地掌控自己的情绪，避免情绪爆发。

3. 鼓励社交活动

鼓励孩子参加社交活动以及体育锻炼，拓宽社交圈子，增加锻炼与交流的机会，通过与同龄人的互动，孩子可以学会更好地处理人际关系，同时能梳理心绪，减轻情绪压抑。

在处理孩子压抑情绪问题时，父母需要保持耐心和冷静，给予孩子足够的时间和空间去处理自己的情绪。同时，父母也要给予孩子足够的支持和鼓励，帮助他们顺利度过青春期的情绪波动，建立健康的心理状态。

孩子有焦虑情绪怎么办

青春期是孩子身心发展的重要时期，但也伴随学业压力、身体变化、社交困扰等问题，容易引发焦虑情绪。

孩子在学习期间出现焦虑是令家长头疼的，这时处理好孩子的情绪是很关键的。可能导致焦虑情绪的因素有以下几方面。

首先，学业压力是一个重要因素。随着学科增多，难度加大，加之升学压力的增加，孩子们因为考试、作业等学业问题而感到焦虑。

其次，社交压力也是常见因素。青春期是人际关系更加复杂的时期，孩子可能因为同学间的友谊等社交问题而感到焦虑。面对同学间的竞争和社交压力，他们会感到不安和自卑。

再次，家庭环境也会影响孩子的焦虑情绪。家庭氛围、家长的期望和教育方式等都可能对孩子的心理健康产生影响。家庭内部的紧张关系或者家庭成员的心理问题都会对孩子造成焦虑影响。

最后，青春期的生理和心理变化也是导致孩子焦虑的因素之一。身体发育和性格特点的变化使他们更加敏感，容易受到外界环境的影响，从而产生焦虑情绪。

孩子出现焦虑情绪会带来很多影响。

学习方面。焦虑会导致孩子注意力不集中，记忆力减退，影响学习效果，甚至因为考试焦虑而发挥失常，影响成绩。

人际关系方面。孩子因为害怕社交场合而避开交际，产生孤立感，难以建立健康的友谊关系。这种社交障碍如果持续的时期很长，不仅影响他们的人际关系，甚至影响未来的职业生涯。

身体健康方面。持续的焦虑可能导致失眠、食欲不振、体重波动等问题，影响身体健康。焦虑还会增加心脏病、高血压等心血管疾病的患病风险，对身体造成负担。

心理健康方面。长期的焦虑情绪会发展成焦虑症或其他心理障碍，对孩子的心理健康造成持续威胁。焦虑情绪还可能引发自卑感、抑郁情绪，影响孩子的自尊心和自信心。

当父母发现孩子有焦虑情绪时，可以采取下列措施来帮助他们。

首先，父母可以从孩子的身体健康或者一些异常的行为察觉孩子的焦虑情绪，还可以看学校的测评结果，无论是哪一种，父母都需要引起足够的重视。想办法在安全的空间和时间去和孩子聊一聊，看看孩子目前哪些方面的担忧最多，根据孩子的焦虑来帮助孩子慢慢调整。

其次，如果孩子一直不愿意表达，那就需要专业人士的帮助。心理医生或心理咨询师具备处理焦虑问题的专业知识和经验，他们可以为孩子提供有效的心理支持和治疗。

在这期间提供情感支持非常重要。父母要全身心地去接纳孩子，让孩子知道他们不是孤单的，家庭是一个支持他们的地方，无论遇到什么问题，父母永远是他们可以依赖的人。

最后，引导孩子学会应对焦虑的方法。可以教给他们一些放松技巧，如深呼吸、冥想等，帮助他们缓解紧张情绪；鼓励孩子参与体育锻炼、艺术创作等活动，以释放压力，提高自信心。

总之，父母的理解、支持和引导对于帮助孩子克服焦虑情绪至关重要。与孩子保持良好的沟通，关心他们的需求，提供积极的支持，帮助他们建立健康的心理护盾。

孩子有强迫症怎么办

我们先来了解什么是强迫症。强迫症是一种心理障碍，表现为持续、反复的强迫性思维和行为。强迫症的行为表现通常包括强迫思维和强迫行为。强迫思维是反复出现的、无法控制的、令人不安的念头、观念或者冲动，例如，害怕自己或者亲人会遭受伤害。而强迫行为则是为了缓解强迫思维带来的焦虑，孩子可能会反复做某些动作，例如，洗手、检查门窗是否关闭，或者按照特定顺序摆放物品等，通常还伴随强迫性的仪式感。孩子会觉得如果不按照特定的规则或者仪式来做某些事情，就会发生不幸。这些行为和思维会导致孩子的日常生活受到严重干扰，影响学校、社交和家庭生活。

孩子出现强迫症可能有多种原因。一方面，与遗传有关，某些家庭中存在焦虑障碍的成员，孩子可能更容易受到遗传因素的影响。另一方面，环境因素也很重要，比如，童年时期的创伤经历、家庭环境的不稳定，以及过分的压力和焦虑等都可能引发强迫症。

强迫症会给孩子带来很多影响。

首先，强迫症会显著干扰孩子的日常生活。他们会花费大量时间和精力在反复的强迫性行为上，比如，反复洗手、检查事物等，从而影响学习、休息和社交活动。这会导致学业成绩下降，睡眠质量下降，社交关系疏远，甚至影响学校的出勤率。

其次，强迫症也影响孩子的心理健康。持续的强迫性思维和行为会导致焦虑、抑郁等心理问题的加重。孩子因为无法摆脱这些困扰而感到沮丧和无助，陷入负面情绪循环。

最后，强迫症会影响孩子的自尊心和自信心。由于无法控制自己的行为，孩子可能会逐渐对自己产生负面评价，认为自己是有问题的，从而降低自尊心和自信心。

当父母发现孩子有强迫症时,第一步,就医。通过医生的测评和判断了解孩子目前强迫症的程度,听从医生建议,配合进行治疗。

第二步,为孩子寻找专业的心理咨询师。专业的治疗通常包括认知行为疗法等心理治疗方法,可以帮助孩子理解并控制他们的强迫症状。听从心理咨询师的建议进行家庭整体环境的调整和改善。

第三步,重建环境。父母要理解强迫症是一种心理障碍,而非孩子的选择,这样能够避免责备或指责的态度。父母需要给予孩子足够的支持和理解,让他们感受到家人的安全和支持。重新调整自己对于孩子的期望值,调整自己和孩子的沟通方式,最大限度地给予孩子包容和理解。

最重要的是,父母需要给予孩子足够的爱和关心。理解孩子,鼓励他们勇敢面对挑战,不断强调他们的优点和价值,让他们建立起自信心,这对于克服强迫症非常重要。

孩子遇到挫折，就容易情绪化怎么办

近年来，随着社会环境和教育环境的变化，孩子们会面临多种压力，心理问题频发，面对这一现象，我们时常听到这样的言论："现在的孩子太脆弱了，经不起半点挫折……"这样的说法的确太过绝对，但是我们不得不承认"抗挫能力"对于孩子的成长来说至关重要。

抗挫能力是指人们对逆境的反应方式和抵抗能力，抗挫能力强的孩子，在面对逆境时能够积极应对，把挫折和压力转化为成长的动力。相反，抗挫能力弱的孩子，难以脱离逆境带来的负面影响，挫折和压力就会成为其成长的阻力，阻碍孩子自身的发展。

怎样才能有效提高孩子的抗挫能力呢？

首先，教会孩子合理表达和接纳自己的情绪。当孩子遭遇挫折时，容易产生沮丧、烦躁、愤怒等消极情绪，如果缺乏情绪调控能力，就会困在情绪里不断内耗，看不到解决问题的资源和方法，最终打败他们的不是挫折本身，而是内心强烈的无助感和绝望感。家长要及时捕捉孩子的情绪变化，引导孩子正确认识情绪，合理释放情绪，比如，倾听孩子的烦恼、陪孩子做一些感兴趣的活动、一起去感受大自然等。

其次，帮助孩子养成"成长型思维"。从固定型思维模式来看，人的能力是先天决定的，一成不变的，遭遇挫败代表"我无能"，因此害怕挫败，容易自我否定；从成长型思维模式来看，人的能力是可以通过后天的努力提升的，潜力是无穷的，因此要敢于迎接挑战，把挫败当作成长的机会，越挫越勇。

家长首先自己要有成长型思维，其次在日常互动中给予孩子合适的反馈，帮助孩子培养成长型思维。具体而言，当孩子遭遇挫败时，家长要用"暂时还没成功"来鼓励孩子,引导孩子直面挫败,认真总结经验教训,把挫败当作学习的机会,从中发现自己有待提高的成长空间,鼓励孩子更积极、更努力、更投入,让孩子相信自己拥有不断成长的力量。当孩子获取成功时,家长要肯定孩子积极投入的过程,而不是赞美孩子聪明、有天赋,要肯定孩子的努力、专注、坚持、策略和进步,促使孩子愿意保持这种积极的状态,在遇到挫败时,也会更有勇气和信心去积极应对。最后,家长要鼓励孩子走出舒适区,迎接新挑战,并且在过程中给予孩子必要的支持和帮助,让孩子在挑战自我的历练中,掌握应对挫败的方法和积极心态。

孩子的成长就像是一场远航,过程中总会经历大大小小的风浪,作为家长,我们无法帮助孩子清除前行道路上的所有风浪,也不能一直陪伴在孩子身边,帮孩子抵挡风浪,因此,我们能做的是提升孩子抵御风浪的能力。愿每一个孩子都能乘风破浪,驶向自己理想的远方。

孩子情绪起伏很大怎么办

青春期是孩子生长发育和心理发展的关键时期，因此情绪起伏很大是比较常见的现象。情绪波动大可能受到多种因素的影响，如生理变化、学业压力、社交问题等。我们先来探讨可能导致孩子情绪起伏大的因素。

1. 生理变化

青春期孩子的身体和荷尔蒙变化可能导致情绪不稳定，产生易怒、焦虑等情绪波动。

2. 受家长情绪的影响

如果家庭里有长期情绪不稳定的家长，孩子也会受影响。家长情绪不稳定，就像一个随时爆发的炸弹，会让孩子生活得提心吊胆。过多的指责和干涉，会让孩子也学习父母的情绪应对方式，变得情绪不稳定。

3. 角色转变

进入青春期后，孩子可能会一直在探索自己想干什么，能干什么，自己是一个什么样的人。在同学中，他们希望自己被接纳和喜爱；在家庭中，他们希望自己得到尊重和理解，不再是一个小孩子。

4. 升学压力

面临升学压力、未来职业选择等不确定性可能导致孩子的情绪起伏大。

孩子情绪起伏大，可能带来的影响有以下4个方面。

1. 学业表现下降

情绪波动大可能影响孩子的学习状态，导致学业表现下降。

2. 社交障碍

情绪波动大可能影响孩子的社交能力，导致与同学之间的关系紧张，甚至引发社交障碍。

3. 身体健康问题

持续的情绪波动可能导致身体健康问题，如失眠、头痛、胃痛等。

4. 心理问题

长期的情绪波动可能引发焦虑、抑郁等心理问题。

父母协助孩子处理情绪波动问题的技巧和方法如下。

1. 和孩子建立平等的沟通方式

孩子在这个阶段不会主动去和家长沟通，家长要积极地去和孩子互动，以朋友间的相处模式进行平等的沟通。

2. 给予孩子一定的自主权

这个时期的孩子渴望自由，希望通过自己的努力，去解决一些问题。家长要学会放手，让孩子在独立完成的过程中，锻炼解决问题的能力。不要担心孩子出错，要给孩子犯错的机会，也接纳孩子犯的错误，孩子才能越做越好。

3. 学习情绪调节技巧

我们要先认识情绪，了解情绪，才可能调节情绪。情绪没有好坏对错之分，重要的是我们是通过什么方式来宣泄情绪。父母需要了解情绪，才能对孩子出现的情绪做出正确的应对。

4. 创建有爱的家庭环境

父母总说很爱孩子，然而孩子却感受不到父母的爱，因为那些爱在表达时，总是附带有条件，会向孩子提出，若条件不能被满足，就"无法"给予爱。所以父母要给孩子无条件的爱和有规则的自由。只有当孩子感受到爱和支持时，才能正视自己的内心，了解自己的情绪，从而调节自己的情绪。

孩子情绪低落不爱说话怎么办

孩子突然情绪低落变得不愿意说话，这种现象通常表明孩子正在经历一些情感或心理上的问题。以下可能是孩子情绪低落不爱说话的原因。

首先，情绪问题可能是孩子变得沉默的主要原因之一。当孩子有焦虑、抑郁、愤怒等负面情绪时是不想说话的，因为他们不知道怎么表达自己当下的情感，也害怕被误解。

其次，也许是孩子在应对压力或挫折。面对学校压力、学习挫折、人际关系问题等困扰，孩子通常会选择用沉默来逃避或者处理这些挑战。

再次，还有可能是孩子在表达反抗或者独立的态度。在青少年时期，孩子正在试图建立自己的独立性，这个过程中他们会表现出少与家人交流，表现出冷漠或者沉默。

复次，沉默也可能反映一种沮丧感。孩子对某些事情感到沮丧，认为自己无法改变或者解决，因此选择了保持沉默。

最后，健康问题也可能导致孩子不愿说话。身体不适、疾病、听力问题等健康因素可能使孩子不愿意开口说话。

孩子变得不愿意说话可能会带来以下影响。

第一，影响家庭沟通和亲子关系。孩子的沉默可能导致家庭沟通受阻，影响亲子关系的建立和维护。

第二，影响社交关系。孩子的沉默可能使其在学校和社交场合中难以融入，影响人际关系的发展。

第三，可能加重内心压力和情绪问题。不表达情感和问题会导致内心压抑，增加出现焦虑、抑郁等心理健康问题的概率。

当孩子突然变得沉默寡言，父母可能会感到困惑和担忧。父母可以采取以下方法来处理孩子变得沉默不语的情况。

第一，父母要和孩子建立信任关系，让他们知道无论发生什么事，都可以信任父母。父母要避免过度质疑孩子，表现出理解和支持，以便孩子愿意分享自己的感受和想法。

第二，孩子可能需要一些独处的时间来处理自己的情绪问题，要尊重他们的隐私和独立性，不要强行询问，给予他们足够的空间来思考和表达。

第三，孩子更愿意在轻松的环境中交流，比如，在散步、做家务或准备旅行的时候。在这些时刻，父母可以轻松地询问孩子的日常生活，分享自己的经历，以促使他们打开心扉。

第四，在沟通中父母要展现出耐心和关心，倾听孩子的话语，不要随意打断或评判。鼓励他们表达真实感受，父母应该表现出真诚的关心，以便孩子愿意与他们分享问题。

最重要的是，如果孩子的沉默持续时间较长且伴随其他问题，比如，明显的情绪改变、不想去学校、不愿意和人交流，甚至父母也无法和孩子沟通，这时父母就需要考虑寻求专业的心理健康帮助。专业心理健康专家可以帮助孩子处理他们的情绪问题，并提供合适的支持和指导。

孩子出现抑郁情绪怎么办

孩子出现抑郁情绪可能有多种原因，以下是一些常见的原因。

首先，随着学习内容的增多，孩子的学业压力不断增大，在长时间的高强度学习下，没有情绪释放的空间，就很容易导致抑郁情绪。

其次，社交压力也是一个重要因素。青春期社交关系对于青少年而言是非常重要的。如果这个关系处理不好，会引发争吵、被孤立甚至被霸凌等问题。而遭遇社交关系问题的孩子如果在家庭中也无法诉说，很有可能就会引发抑郁情绪。

再次，家庭环境的问题。比如，家庭冲突、父母对孩子学业的期望过高或不合理、家庭经济困难等问题都可能对孩子的心理健康产生负面影响。

最后，青春期的生理和心理变化也可能引发抑郁。青少年时期是身心发育最为迅速的时期，荷尔蒙水平波动大，可能影响情绪和心理状态，使得一些孩子更容易陷入抑郁情绪。

孩子出现抑郁情绪可能带来以下影响。

首先，影响学业表现。抑郁情绪可能导致孩子学习兴趣和动力下降，影响学习效果，导致成绩下降。

其次，影响人际关系。抑郁情绪可能使孩子疏远社交圈子，与家人、朋友的关系紧张，孤独感增加。

再次，影响身体健康。长期的抑郁情绪可能导致睡眠问题、食欲改变，影响身体免疫系统，增加患病风险。

最后，可能存在自伤和自杀风险。严重的抑郁情绪可能使孩子产生自杀念头，增加自残和自杀的风险。

发现孩子出现抑郁情绪是令人担忧的情况，父母在处理时需要采取谨慎、理解和支持的态度。

第一，当孩子表现出抑郁情绪时，父母要倾听他们的感受，尊重他们的情绪体验。切勿贬低或忽视孩子的感受，而是要给予足够的关心和理解。父母应该鼓励孩子表达内心的困扰，不要打断或批评，让他们感受到被理解和接纳。

第二，寻求专业帮助。抑郁情绪需要心理健康专家的干预和治疗。父母可以帮助孩子预约心理医生或心理治疗师，提供必要的支持，陪伴他们去面对这个过程。专业帮助可以提供有效的心理治疗，帮助孩子应对抑郁情绪，同时提供家庭治疗，帮助家庭共同应对问题。

第三，创造支持性的家庭环境。在家庭中，创造一个支持性、温暖的环境对孩子的康复非常重要。父母可以提供和谐的家庭氛围，鼓励积极的家庭互动，增加家庭活动，加强家庭成员之间的情感联系。家庭成员之间的支持和理解可以帮助孩子更好地应对抑郁情绪。

最重要的是，父母要树立乐观的态度。在孩子的困难时期，父母需要保持乐观、坚强的心态，乐观的家庭氛围和家长的积极态度可以帮助孩子树立信心，更好地应对抑郁情绪。

孩子脾气暴躁怎么办

不少家长咨询过这样一个问题：孩子脾气暴躁，家长应如何教育？

孩子脾气暴躁，有个性化的原因，我们主要从共性的原因和方法着手，给各位家长一些方向，首先，我们一起来分析一下孩子脾气暴躁的原因。

1. 生长发育的原因

青春期孩子的生理变化和荷尔蒙波动可能导致情绪波动，使孩子更容易变得暴躁。

2. 学习压力大

高中阶段孩子的学习压力增加，有些孩子会觉得跟自己的初中阶段比起来落差太大，从而会有情绪暴躁的状态，这是表达自己内心的烦躁，并进行发泄的方式。

3. 人际关系问题

初入高中，学习环境和老师、同学有了很大变化，对于有些孩子来说就容易遇到全新的人际关系问题，住校生之间的生活习惯不同也容易发生小摩擦，从而导致孩子在人际关系方面压力剧增，情绪也因此变得不够稳定。

4. 家庭关系不理想

父母的争吵很多或者每天都要因为小事而闹得天翻地覆，或者父母离异、亲人离世都有可能导致孩子情绪变得暴躁。

孩子情绪变得非常暴躁可能会带来以下影响：孩子脾气暴躁会影响他们的人际关系和家庭沟通，长此以往孩子会形成粗暴的性格，在未来的恋爱关系和家庭关系中可能处于不利的位置。

父母可以从以下方面来改善孩子脾气暴躁的问题。

首先，父母做好情绪示范。父母应当在孩子情绪暴躁的时候，自己先管控好情绪，不跟孩子生气、不通过发脾气解决问题，而是耐心地静下来听孩子在暴躁的时候说什么，因为往往这时候孩子说的都是内心最真实的话，知道了孩子的内心想法，父母可以等到孩子情绪平稳了再深入沟通暴躁的原因并协助孩子分析。

其次，教给孩子缓解情绪的方法。我们常用的缓解情绪的方法有：引导孩子深呼吸，给孩子一个冷静的空间来消化情绪，准备一个发泄的沙包或者跑步运动。

最后，如果孩子的脾气暴躁影响他的生活，我们要注意寻求专业的帮助，让孩子在情绪上有个合理的宣泄通道。也许有时候是因为父母没有读懂孩子脾气背后的信号，而专业人士能协助家庭建立沟通桥梁，可以帮助孩子更好地缓解自己的暴躁情绪。

青春期的孩子情绪变得非常暴躁可能有多种原因，父母应该采取积极的措施来处理这个问题。倾听和理解孩子、教导情绪管理技巧、鼓励积极的活动和寻求专业帮助都是帮助孩子缓解暴躁情绪的方法，以确保他们能够更好地处理情感和维持心理健康。

孩子患上心理疾病怎么办

在第32个"世界精神卫生日"之际，好心情心理咨询有限公司联合中国麻醉药品协会精神卫生分会，在北京共同发布了《2023年度中国精神心理健康》蓝皮书，蓝皮书报告显示：中小学生抑郁检出率中，高中生占比是40%，其中原因最多的是感到孤独和手机依赖。

我们可以看见，高中生检出抑郁趋势明显，而且重点的原因之一是感到孤独，其中就包含了觉得大家不够懂自己，也没有人走进自己的内心世界，跟父母也不表达自己的心声等。

而手机依赖，也已经成为当代青少年面临的现代病，他们没有很好的识别意识，所以在网络使用安全上面临一些风险，加之患有心理疾病的孩子更容易刷到一些负面能量的信息和新闻，大数据也会不断给他推送相关信息，导致孩子的情绪更加低落。

所以，患上心理疾病，其实会让孩子不断地埋怨自己，在认知、情绪等各个方面出现更多的问题，而且，这个群体的孩子可能会出现轻生、放弃学业等行为，所以为了保障孩子的生命安全，我们一定要及时关注患有心理疾病孩子的内心世界，及时寻求帮助。

在这里，我们根据常年的咨询经验，给父母一些建议。

首先，找到家庭里的"焦虑"者。每一个患上心理疾病的孩子背后，都有一个已经患上"焦虑症"的父母，找到这个人，并且做出相应的家庭治疗，这是协助患上心理疾病孩子康复的第一步。不要跟亲朋好友描述孩子的病症或者现状，因为大家会给出不专业的评价和给孩子贴标签，这会导致孩子的病症变得更加严重。

其次，给孩子找到情绪通道。找到一个专业的积极的家庭治疗老帅走进孩子的内心世界里,让孩子知道自己不是孤独的,是有人可以提供帮助的,给孩子以情绪的通道和出口。同时,父母需要从这位老师口中知道孩子从小到大的创伤点在哪里,更懂孩子,也就缓解了大家的焦虑,更容易解决问题。

最后,我们要真正理解和接纳孩子。真正的理解和接纳不是叹气和皱眉来表达对这种情况的不满,而是耐心地静下来真正接纳生病了的孩子,陪他一起渡过最艰难的时刻,更要感谢这个生病了的孩子,给家庭机会,让父母陪伴他重新成长。

我们知道,当孩子患上心理疾病,一方面有些父母害怕别人知道遮遮掩掩,就错过了孩子的最佳治疗时间;另一方面有些父母又会陷入自我痛苦和神经紧绷的状态,害怕孩子因此而失去生命。其实,谁都不愿意失去孩子,既然如此,我们就应该静下心来,按照这些方法一步一步地协助孩子康复,才能让家庭重新找到幸福感。

孩子长时间情绪不稳定怎么办

孩子情绪长时间不稳定，跟孩子的生理变化、学习压力增大、对未来迷茫、不喜欢父母说教等方面都有关系，比如，孩子周末回家，拿着手机玩儿，父母可能说了一句"你又在玩手机"，孩子就可能突然愤怒到极点。

我们可以看到，父母常常不知道孩子情绪不稳定的原因，还要不停地反思自己刚才哪里说错了，用父母的一句话来形容就是：变得小心翼翼的。

但是，孩子持续的情绪不稳定，是会让亲子关系恶化的，父母也会觉得委屈和难受，刚开始会忍耐孩子的情绪起伏，但是久而久之，父母也会有情绪爆发的一天，当他们把自己的情绪爆发出来的时候，可能会产生一些严峻的家庭矛盾。

还有就是，孩子的情绪不稳定，会让同龄的朋友觉得孩子不可理喻，也会觉得孩子总是活在自己的世界里，不关注朋友的情绪，只关注自己，从而导致朋友关系破裂。

那么，长时间的情绪不稳定，家庭、朋友关系开始变得糟糕，孩子也绝对没有更好的心情进行学习，甚至有时候还会跟老师发生一些冲突，导致他自己觉得哪哪儿都不对，这种坏心情就会持续影响他的生活、睡眠、学习和人际关系等方面。

父母可以采取以下一些方法改善孩子情绪不稳定的问题。

孩子有情绪是正常的，能在家里表达情绪，代表孩子的心理状态是安全的。因为孩子觉得家庭是提供给他支撑的港湾，所以如果他的情绪起伏很大，家人也可以给他足够的空间和时间让他安静下来。父母要知道，孩子在青春期情感波动很大的原因之一是大脑发育，管理情绪的大脑额叶皮层正在不断地发展壮大，孩子感受到的情绪是复杂多变的，所以这时候需要我们明白，他们情绪波动很大是正常的状态，父母应避免跟他们发生不必要的冲突。

在家庭里，孩子最安全的地方就是自己的房间。只有孩子感受到自己有一个安全的地带，那么在他情绪波动很大的时候，他才能把自己关在房间里消化自己的情绪。父母这时候不要去不断地敲门，就算是天大的事也不要在当下解决，把解决的时间往后延，或者不再提起导致他情绪波动很大的事情，这也是为了让孩子能平复下来，然后再来处理问题的方法。

同时，父母要认可孩子每一次处理情绪的好的方式方法，让他看见自己在管理情绪方面的进步。

孩子情绪起伏很大，一定不要只看表面的原因，我们要深层次解读和分析，来协助孩子更好地认知、接纳和处理情绪。

孩子在父母面前情绪崩溃怎么办

如果孩子在父母面前情绪崩溃，说明孩子已经面临了极大的压力，无力承受了，我们的父母就必须要重视起来了。我们先来说说会引起孩子崩溃的原因。

第一，学业压力是一个常见的原因。如今的孩子面临繁重的学业压力，包括应对考试、完成作业和应对升学压力等。如果他们感受到自身学习能力不足或者遭遇更困难的挑战，就可能会在父母面前表现出崩溃的情绪。

第二，心理健康问题也可能导致孩子在父母面前情绪崩溃。青少年时期常伴随显著增加的心理和生理的变化，这可能引发焦虑、抑郁等心理健康问题。这些问题如果没有得到妥善处理，在家庭环境中得到释放时，会表现为情绪崩溃。

第三，人际关系问题是另一个常见的原因。在学校和社交圈子中，孩子可能会遭遇友谊纷争、感情问题、同辈关系紧张等问题，这些问题会导致他们在家庭环境中表现出情绪崩溃。

第四，青少年时期的身体变化和自我认同探索也可能成为崩溃的触发因素。对自身身体的不满或者对感情、性别认同等问题有困扰时，也会让孩子感到困惑和无助，表现为情绪崩溃。

第五，社会压力和自身期望也可能引发崩溃。社会对青少年的期望、家庭的期望以及个人对未来的期望可能会造成压力，当这些压力超过他们承受的能力时，就容易在父母面前情绪崩溃。

当孩子在父母面前情绪崩溃，却不能得到父母的理解和支持时，首先会引发亲子冲突，导致家庭关系紧张。其次，这种强烈的情绪会加重父母的焦虑和负担。看到子女情绪崩溃的父母会感受到无助和焦虑，他们也试图寻找解决问题的方法，但面对青少年的情绪波动，父母也可能感到困扰和挫败，让亲子关系更加恶化。最后，情绪崩溃也会影响青少年的自尊心和自信心。频繁的崩溃经历可能使青少年对自身能力和情绪管理能力失去信心，降低自尊心，长期下去，这可能对他们的学业表现、人际关系和未来发展产生负面影响。

所以当孩子在父母面前情绪崩溃时，作为父母更需要冷静对待，不要用过于激动或者用强硬的语气来应对，而是给予孩子足够的空间，先让他们将情绪释放出来。

这时，父母要保持足够的耐心，用温暖、安抚的语气告诉他们，家是一个安全的地方，他们可以在这里表达真实的情感，而不用担心被指责或者否定。提供安全感可以帮助孩子更好地释放情绪，减轻内心的压力。

等孩子将情绪释放得差不多的时候，父母需要倾听孩子的感受，尊重他们的情绪体验。用关心和理解的态度倾听他们的烦恼，不要轻视或者忽视他们的情感，更不要去指责和评价孩子，要让他们感受到被理解和支持。

如果父母可以做到以上行为，那么就可以极大地帮助孩子缓解压力，释放情绪。我们可以与孩子一起建立健康的情绪表达机制，鼓励孩子学习健康的情绪表达方式，例如，通过绘画、写日记、锻炼等途径来释放负面情绪，帮助他们建立健康的情绪管理技能，有助于他们更好地应对生活中的挑战。

孩子心态变得消极怎么办

我们先来分析一下,为什么孩子的心态会变得悲观起来。

首先,学校压力可能是引起孩子心态悲观的主要因素之一。学习进度跟不上、考试成绩不理想、作业繁重等因素都可能导致孩子感到沮丧和无望。当孩子感受到的都是失败的体验时,可能会对自己的能力和未来感到悲观。

其次,家庭环境的不稳定会影响到孩子的情绪。家庭纷争、父母离异、家庭经济困难等问题也会给孩子带来心理负担,使他们感到不安和悲观。

再次,当孩子面临友谊问题、同辈排挤、欺凌等社交问题时,也会使他们感到孤立和无助,从而导致心态变得悲观。

心理健康问题也是孩子心态悲观的原因之一。抑郁、焦虑等心理健康问题可能导致消极情绪增加,使孩子对未来产生负面看法,感受到生活缺乏希望。

最后,负面的自我认知和低自尊心也可能使孩子对生活持悲观态度。如果孩子对自己的能力和价值产生负面看法,可能会影响他们的心态,使其更容易陷入悲观情绪中。

悲观的心态可能对心理健康产生严重影响。持续的悲观情绪会导致孩子陷入抑郁、焦虑等心理健康问题中。这种负面情绪可能会影响他们的日常生活,使他们对生活失去兴趣,陷入消极的循环中,甚至可能导致自杀等极端行为。

悲观情绪还可能会导致孩子在学习中难以集中注意力,影响记忆力和思维能力,对学习失去信心而不再努力,导致学习成绩下降。

悲观情绪还会让孩子因为消极情绪而回避社交,难以建立和维持健康的友谊关系,进而加剧社交孤立感。

所以当父母发现孩子心态变得悲观时,一定要引起重视,并进行干预。

第一，父母要想办法和孩子交流，倾听孩子的感受和担忧，表现出关心和理解。父母的倾听和支持可以让孩子感受到安全和被关心的感觉，有助于他们敞开心扉，分享内心的压力和困扰。

第二，父母可以和孩子平等地商量对策，多听孩子的想法和意见。尽量尊重他们的想法，和孩子一起制订解决问题的计划，鼓励他们制订实际的目标，分阶段完成任务，逐步增强自信心。

第三，在这个过程中，父母不断地给予鼓励，让孩子重拾信心，不断地获得成就感。父母保持积极的生活态度来影响孩子，建立轻松愉悦的家庭环境和氛围，让孩子感受到生活的美好，远离悲观情绪。

第四，父母可以陪伴孩子一起参与运动、艺术、社交等活动，培养他们的兴趣爱好，帮助他们建立自信心和成就感。还可以带孩子旅行、爬山、参加社团活动，在良好的氛围中帮助孩子调节情绪。

总体来说，父母的关心、支持和积极引导是帮助孩子走出悲观心态的关键。与孩子建立良好的沟通、鼓励他们表达情感、提供积极的生活体验，同时在需要时寻求专业支持，将有助于孩子重拾信心，积极面对生活中的挑战。

第五辑

生涯规划

05

孩子不爱做家务怎么办

很多家长反映，现在很多孩子都没有养成做家务的习惯，对家务是漠视的，或者是抵触排斥的，缺乏基本的责任感和自觉性。然而，让孩子参与家务却有很多的好处。

1. 培养责任感与合作意识

家务是一种责任，通过参与家务，孩子可以学会承担，培养责任心，学会团队合作、互相帮助，还能提高社会交往能力。

2. 培养独立性与自信心

通过做家务，可以培养孩子各种生活技能，如烹饪、清洁、整理等，这些不仅在生活中，在学习上以及未来进入社会后对孩子都大有益处，能够增强他们独立自主、自力更生的能力。

3. 培养价值观

学会尊重家庭成员的劳动，培养孩子的家庭价值观念，懂得珍惜他人的付出。

既然做家务有这么多好处，父母该如何培养孩子做家务的习惯呢？

1. 树立榜样，积极带动

父母是孩子的第一榜样人，如果父母面对家务时积极主动，团结协作，甚至享受为家人烹饪、清洁、整理的乐趣，孩子也容易被感染，被带动着一起行动，体验到家务的美好意义。

一家人可以一起做饭、一起打扫房间，有沟通、有协作、有分享，这便是一家人在一起的幸福时光。还可以通过游戏化的方式，和孩子一起收拾房间，比赛看谁扫得更整洁，游戏过程中父母可以故意落败，让孩子体验胜利的喜悦，体验到成就感，还可以有小小的奖惩制度。总之，要创造参与家务的积极氛围，使孩子觉得家务是有趣、有意义的活动。

2. 列出家务清单，明确家庭规则

列出家庭任务清单，根据孩子的年龄和能力，让他们选择合适的家庭任务，切忌负担过重，但每个人都会承担一定的任务，确保孩子知道自己的责任范围，并教导孩子正确的劳动方法，提高效率，获得成就感。避免孩子因挫败而产生不愿再做的情绪，让孩子有责任、有能力、有意愿地去完成家务劳动。

3. 耐心鼓励，体验成就

孩子做家务一开始可能比较粗糙，父母不能太苛刻，要多给予孩子一些积极的鼓励。比如，孩子扫了地，你可以说："虽然角落里还有一些灰尘，但其他地方都扫得很干净，妈妈相信你下次会把地扫得更干净，你真棒！"要随时给予表扬肯定，增强孩子参与家务的动力，让孩子知道自己的付出是被认可和重视的。

在孩子不愿意做家务时，父母要保持耐心，不要用强制或者严厉的态度，而是通过引导和沟通，让孩子意识到家务的重要性和必要性，给出他们空间与时间为自己的事情负责。

通过以上方法，父母可以培养孩子做家务的好习惯，帮助他们建立独立自理、责任心强的品格特质，为将来的生活打下坚实基础。

孩子不会规划自己的零花钱怎么办

小明是一个小学二年级的孩子,他每周都会得到爸爸妈妈给的10元零花钱。这些钱他通常是用来买自己喜欢的零食,经常没两天就用完了。当他看到其他小朋友存了不少零花钱,还能购买玩具、漂亮的笔记本等,就非常羡慕。

从小明的身上我们可以看到,小学低年级的孩子往往不能有计划地使用零花钱,容易产生"一时冲动"的消费行为,到真正需要钱时才后悔莫及。这主要是因为这个年龄段的孩子还没有形成合理使用金钱的概念,也缺乏规划和自我管理的能力。

作为家长,我们如何借用对零花钱的规划,帮助孩子培养自我管理的意识和能力呢?

零花钱是孩子们的第一笔"资产",帮助孩子规划零花钱是在锻炼他们的自我管理能力,这对于他们的人生发展非常重要。

拥有规划和管理零花钱的能力,可以帮助孩子在成长中避免许多问题。比如,冲动购物,过于注重短期利益而忽视长期收益;或者不懂得钱的复利价值,导致成年后的财物困扰;更有甚于因为在儿童时期没有形成正确的消费观,成年后对于花钱要么没有节制,要么会斤斤计较,被金钱所累。

那么我们如何帮助孩子呢?

第一,帮助孩子区分"需要"和"想要",选择理性消费。让孩子清楚地知道,那些看起来很吸引人的商品,常常不是自己真正需要的。"想要"的及时满足了,可能会损伤自己长期的利益。我们要学会选择,让金钱发挥最大的价值。

第二,帮助孩子理解钱能"积少成多办大事"的复利特点。比如,将零花钱的一部分积攒起来，既可以购买自己特别想要的"大件"物品，也可以存进银行，或是购买理财产品。通过金钱的"复利"力量，让孩子明白学习中的每一分努力都会有回报，这是人生的"复利"。同时可以培养他们耐心等待和持之以恒的心理品质。

第三，学会为他人花钱来提升自己的幸福感。心理学研究显示，把钱花在他人身上，比只花在自己身上能带来更多的满足感与成就感。可以引导孩子在节日或家人、朋友生日时，用零花钱给他们买个小礼物，或是为慈善做点小贡献。

总之，帮助孩子规划和管理零花钱是一项重要的家庭教育内容。我们要从小培养孩子的财商意识，让他们学会珍惜金钱、合理消费，懂得投资和理财，这样，他们在未来的人生道路上才能更加从容、自信地迎接挑战。

孩子不会平衡学习与兴趣的关系怎么办

面对学习与兴趣，孩子和家长总有很大的分歧。孩子有自己的兴趣爱好，想做自己喜欢做的事；而家长总觉得学习是"主业"，兴趣爱好是"副业"，不能主次颠倒。究其原因，在部分家长看来，时间的有限性决定了孩子没有更多时间用来发展"副业"。

只谈学习，会让孩子忙到连眺望远方的时间都没有，身体和心灵没有得到放松，学习能力在长期紧绷的"弦"下也相对滞后；只谈兴趣爱好，不加强对基本知识的掌握，兴趣爱好的发展到了一定阶段就会成为无源之水，也会停滞不前。

针对上述情况，我有以下几点建议。

1. 树立正确观念

兴趣是可以推动孩子求知的一种内在力量，是影响孩子职业生涯发展的重要因素。兴趣发展往往有三个阶段：有趣、乐趣、志趣。有趣阶段新奇但不稳定，这就可以解释为什么孩子常常只有三分钟热度；乐趣阶段则更专注而深入，比如，喜欢跳舞的孩子，通过坚持训练、不断提升、主动展示获得愉悦感、成就感，开始具有较为持久的继发动力；志趣阶段则是兴趣发展的高级水平，与理想、奋斗目标结合起来，扩展了未来生涯发展的可能性。

2. 科学安排时间

家长要引导孩子科学安排时间，在科学的安排下，平衡学习和兴趣爱好的关系，促进孩子全面发展。比如，课余时间在确保孩子有充足休息时间的情况下，可以腾出一些时间去培养孩子的兴趣爱好。

3.合理选择兴趣班，找到兴趣和学习的结合点

首先，每个孩子在不同的年龄段，他们的接受能力、思维逻辑能力等也都是不同的。家长在充分征求孩子的意愿后，要根据孩子的年龄段和接受能力选择兴趣班。其次，可以把孩子的兴趣爱好和学习结合起来。例如，孩子喜欢音乐，每天坚持练习，这个过程也潜移默化地提高了孩子的专注力和思考力，这些都可以融会贯通到其他课程的学习上。

4.真诚沟通

当孩子在兴趣爱好上花了太多精力影响学习时，家长要理性对待，不要"一刀切"，随意剥夺孩子的兴趣爱好，而是允许孩子有节制地继续发展兴趣。对于小学生来说，随着学业压力的逐渐增加，空闲时间慢慢变少，可能无法继续学习那么多兴趣课，这时，家长要和孩子多沟通、多商量，共同决定要选择哪些兴趣课继续学下去。

5.设置目标，明确规划

家长可以与孩子一起分析现阶段的学习任务，与孩子共同设置一个学习目标，并制订下一阶段的时间规划。这样一来，孩子不至于没有目标，家长也不会太过盲目焦虑。

对于孩子而言，兴趣爱好与学习并不是天平的两端，只要正确对待就能锦上添花。让我们一起帮助孩子找到兴趣爱好和学习的平衡点，唤醒孩子的内在力量，一起健康成长。

孩子心中没有榜样怎么办

孩子小时候是价值观形成的关键期,也是立下志向的关键期,这个时候,孩子还愿意相信梦想,我们有必要在这个时期给孩子树立一个榜样。

如今,很多孩子的心中没有一个榜样的力量,有多方面的原因。比如,孩子在家中缺少积极向上的榜样,家庭中经常发生争吵和冲突,父母不遵守社会规则,待人接物的时候父母也显得没有礼貌等。

首先,父母可能对孩子过于溺爱,让孩子习惯了以自我为中心,不愿意虚心学习。

其次,父母平时没有给孩子塑造一个榜样形象也是一个重要的原因,加之现在不良的电视、电影也可能影响孩子对榜样的看法。

孩子心中没有榜样可能会给他们带来什么影响呢?因为孩子在学习和成长的重要时期是需要积极的榜样来引导的,帮助他们树立正确的价值观和人生观。如果没有榜样,他们可能缺乏正确的引导,导致成长过程中出现偏差或错误,比如,对价值观念的认知不清晰,容易受到负面影响;在学业和职业方向上缺乏明确目标和规划。

父母如何帮助孩子塑造榜样呢?

首先,父母应该成为孩子的榜样。你要给孩子树立一个好榜样,如遵守规章制度、早睡早起、做一个自律的人。你如何做,孩子是会模仿你的。父母要通过自身的言行举止、价值观念和为人处世的方式,给孩子树立积极向上的榜样。

其次,帮助孩子建立积极向上的社交圈子,鼓励他们和品德高尚、品性良好、三观正的朋友交往。鼓励孩子参与各类兴趣爱好的培训和活动,这样他们能够接触更多优秀的教练、老师和同学。引导孩子阅读成功人士、伟人等的传记，让他们了解这些人物的奋斗历程和成功经验。

父母为孩子提供各种教育机会，如外出参观学习、夏令营、兴趣特长培养等。这些可以让孩子接触不同的人和事物，拓宽他们的视野，同时也可以让他们发现自己的潜力和天赋。父母还可以带孩子参观博物馆、科技馆、艺术展览等，让他们接触各个领域的优秀人才、优秀作品。

父母可以充分了解孩子的需求和想法，建立良好的亲子沟通和信任关系。通过亲子活动，增强亲子之间的互动，让孩子更多地了解父母，从父母身上学习到他们的优良品德。

最后，鼓励孩子参与志愿服务活动，与社会各界人士接触，了解社会，参与活动的同时让他体验自己存在的社会价值，培养正确的价值观。当父母发现了孩子的榜样之后，要耐心地认可孩子将对方作为榜样，并鼓励孩子不断地用榜样来激励自己。

榜样的力量，往往能帮助孩子们度过情绪上的黑暗时期，也会在孩子实现梦想的路上起到指引的作用。所以，父母可以认真探索，耐心引导，给孩子树立一个好的榜样。

孩子没有理想怎么办

孩子没有理想可能涉及多种原因。

如今的孩子大都处在安逸的环境中，缺乏危机感，孩子想要的轻而易举就获得了。对外部世界和各种职业领域缺乏足够的信息和认知，更喜欢享受而不愿意付出，导致自己没有清晰的理想。而有的孩子可能还未完全了解自己的兴趣、特长和优势，缺乏自我认知，不知道自己适合什么样的职业。

孩子对学习的意义不明确，认为学习好就是为了考上好的大学，有好工作，赚更多的钱。孩子可能面临来自学校、家庭或社会各种观念的压力，使他们暂时忽略了自身的理想。

还有一个重要的原因是，这个阶段的孩子在进行探索和寻找，只是暂时没有理想，而随着家长的引导以及自我探索的过程，他们会逐渐确定自己的理想方向。

孩子没有理想，可能会给他们造成什么不良影响呢？

我们常见到没有理想的孩子在学习和生活中缺乏方向感，无法明确目标和前进方向。没有明确的理想，很可能会导致孩子对学习缺乏动力，影响学业表现和学习兴趣。孩子甚至会因为缺乏理想而感到迷茫、焦虑，可能会出现情绪问题，影响心理健康。

父母可以怎样陪伴孩子寻找到自己的理想呢？

首先，父母要知道孩子是一个独立的个体，父母的理想不能强加于孩子，而是要不断协助孩子探索自己的理想，不断发现孩子的优点和兴趣点，协助孩子找到自己的理想方向。

其次，有些时候父母也可以和孩子一起探讨各种职业领域，让他们了解不同职业的特点和要求，启发他们思考未来的发展方向。父母要了解孩子的兴趣、梦想和困惑，给予他们足够的关心和支持，帮助他们厘清思路，为实现梦想而努力。如果孩子对某个领域表现出浓厚的兴趣，就鼓励他们深入了解并努力发展，帮助他们设立明确的目标并制订实施计划。

最后，无论孩子有什么理想，父母都要鼓励和肯定孩子，不要用"你怎么可能实现嘛""你还小，长大了再说"等语言来破坏孩子的理想。父母也不要在孩子确定理想而没有动力的时候说"当初都是你自己定的理想，你看你，居然没有行动力了"这一类的话，因为这些话会让孩子丧失自己的理想方向。

在帮助孩子寻找理想的过程中，父母的理解、耐心和支持非常关键。要通过与孩子的交流，给予他们积极的鼓励和引导，帮助他们建立自信，找到理想和人生目标，迎接未来的挑战。

孩子不会目标管理怎么办

在日常生活中,孩子大多对自我认知不清晰,尚未充分认识自己的兴趣、能力和优势,无法设定符合自身特点的目标,从而不会目标管理。

不会目标管理的孩子,在行为上更加倾向于外界的安排、督促和引导,他们缺乏自我驱动力。现今一些学校和家庭环境未能给孩子提供足够的引导和激励,从而使孩子们对目标管理的重要性缺乏重视。

孩子不会进行目标管理,会给他们带来哪些影响?

我们会发现不会目标管理的孩子在学习和生活中缺乏方向感,难以明确自己前进的方向,如果缺乏目标管理意识可能会导致孩子对学习缺乏动力,影响学习兴趣和学业成绩。

不会设定目标管理的孩子可能在日常生活中难以合理规划时间,导致时间浪费和效率低下,出现磨蹭拖拉的情况。

那父母怎么培养孩子进行目标管理的能力呢?

首先,激发孩子的学习兴趣是家长的首要目标。家长应尽力去帮助孩子认识自己的兴趣、能力和优势,激发他们的自我驱动力,使他们能够更好地设定个人目标。在这一过程中我们可以引导孩子设定明确、具体、可衡量、有时限的目标,帮助他们分解大目标为小目标,增加实现的可能性。

其次,孩子在学习的过程中,无论是小小的进步还是巨大的成就,我们都要及时给予正面的反馈,让他们有自信,建立他们的成就感。

再次,我们还应该培养孩子的规划和时间管理技能,教他们如何将大目标拆分为小目标,如何制订每天的学习计划。培养孩子自主的能力,让他们参与目标制定过程,增强自信心和责任感。我们还应定期检查孩子的目标进展情况,提供积极的反馈和激励,帮助他们保持目标管理的积极性。我们要让孩子的阶段性成果更直观、更有仪式感。孩子每实现一个小目标，要及时加以鼓励和肯定，让孩子有满满的成就感。如果孩子能够得到更多的激励，就会朝着更高的目标前进。当孩子在学习中遇到挫折时，我们要鼓励孩子进行自我反思，了解自己的优势和不足，从而更好地调整目标。

最后，父母要允许孩子在制订目标后出现行为反复，毕竟孩子需要通过不断的实践来看到自己目标管理当中的问题，从而不断进行调整，在调整的时候，没有因为孩子反复而批评，会让孩子有更好的空间来调整自己的目标管理计划。

在培养孩子目标管理能力时，父母可以通过与孩子共同探讨目标，教授他们规划和管理技能。父母要给予持续的鼓励，帮助孩子建立良好的目标管理习惯。会目标管理的孩子，会在未来的社会实践生活中脱颖而出。

孩子觉得人生没有意义怎么办

青春期的孩子可能会出现觉得人生没有意义的心态，这种情况可能受到多种因素的影响。

1. 身份认同问题

青春期是身份认同建立的重要时期，孩子可能因为不了解自己、不确定自己的身份而感到迷茫和无助。

2. 学业压力

初中是学业压力加大的时期，孩子可能面临学习上的挑战，导致对未来失去信心。

3. 社交问题

同学关系、友谊问题、感情问题等社交困扰可能使孩子感到孤独和无助。

4. 自身价值观问题

对自身的价值和能力产生负面认知，认为自己不够好、不够成功，从而感到无望。

5. 家庭环境

家庭内部的问题，如家庭冲突、离异等，可能影响孩子的心理健康，使其产生无望感。

这种觉得人生没有意义的心态可能导致以下问题。

1. 学业问题

学习动力下降，可能导致学业成绩下降，影响未来升学和职业发展。

2. 心理问题

可能引发焦虑、抑郁等心理问题，甚至有自残或自杀倾向。

3. 社交障碍

影响社交能力，可能导致孩子与人疏远，进而加剧心理孤独感。

4.消极行为

可能产生消极行为,如逃课、早恋、沉迷网络等,从而进一步迷失自我。

5.身体健康问题

长期的心理压力可能会影响孩子的身体健康,导致头痛、失眠等问题。

父母可以采取以下方法帮助孩子重新点燃信心。

1.了解孩子的兴趣和才能

每个孩子都是独一无二的个体,他们在不同领域都可能有着各自的兴趣和才能。作为家长,我们应该通过观察和与孩子互动,了解孩子喜欢做什么,擅长做什么。这可以通过与孩子一起玩耍、交谈、参与他们的活动等方式实现。当我们了解孩子的兴趣和才能后,我们可以帮助他们发现自己的优点和潜力,从而增强他们的自信心。

建议家长们多与孩子进行互动,了解他们的兴趣爱好。可以陪孩子一起做一些有趣的活动,如阅读、游戏、运动或者参加社区活动。在这个过程中,我们可以留意孩子对什么事物表现出兴趣和热情,以及在哪些方面展现出较好的表现。当我们发现孩子的才能或特长时,应及时表达赞赏和鼓励,让他们感受到我们对他们的肯定和支持。

2.为孩子提供更多的学习和发展机会

为孩子提供更多的学习和发展机会,以帮助他们深入挖掘自己的潜力。这可以通过参加兴趣班、培训课程或参与志愿者活动等方式实现。这些经历不仅能够拓宽孩子的视野,还可以增强他们的自信心,让他们相信自己能够在某个领域取得成就。

家长们还需要培养孩子良好的自我认知能力。帮助他们了解自己的优点和潜力,并对自己的不足有所认识,以此为基础建立起积极的自我形象。这可以通过与孩子进行开放而温暖的对话、鼓励他们表达自己的想法和感受来实现。同时,我们还可以与孩子一起设立目标和规划,引导他们积极面对挑战,并从失败中学习。

3.家长要成为孩子的支持者和榜样

我们应该时刻鼓励孩子、给予他们信心,并以自身的行动示范给他们一个积极、自信的样板。当孩子看到我们相信他们能够做到,并且我们愿意与他们并肩作战时,他们的自信心也会得到进一步的增强。

孩子没有长远规划怎么办

在我们的生活中，会遇到一些孩子，他们在学习上感到困惑，没有学习目标，成绩总是不尽如人意。其实这很大程度上是因为父母不知道如何引导孩子做规划造成的，同时，孩子自己也不懂规划。

孩子通常缺乏长远规划，这主要是因为他们还处于心智和情感发展的阶段，对未来的认知和了解有限，缺乏经验和知识，难以做出具体的长期规划。此外，他们可能过于专注于眼前的学习和社交，尚未意识到未来的职业发展和生活规划的重要性。孩子缺乏长远规划，可能会有以下表现。

1. 缺乏职业志向

孩子可能没有明确的职业方向或兴趣，对未来的职业选择没有明确的计划。

2. 没有设定目标

孩子可能没有设定长期的学业或个人发展目标，只关注眼前的任务，缺乏远见。

3. 过于依赖父母

孩子可能缺乏独立性，过于依赖父母或其他人，没有自主规划的能力。

4. 缺乏自我认知

孩子可能对自己的兴趣、技能和价值观了解不足，难以为未来设定符合自身特点的目标。

父母可以通过以下方法和步骤，与孩子讨论规划问题，帮助他们建立长远规划。

1. 培养兴趣和才能

在跟孩子讨论未来规划之前，了解孩子的兴趣和才能是非常重要的，我们要观察他们在哪些领域表现出热情，帮助他们发现自己真正喜欢的事物。

这个过程可能需要一段时间，需要我们在日常生活中观察和倾听。一旦我们了解了孩子的兴趣和才能，我们就可以将这些信息与职业和未来发展方向连接起来。

2. 研究职业和行业

在指导孩子建立长远规划时，了解不同的职业和行业是至关重要的，我们要提前了解工作的特点、薪酬水平以及未来的就业前景。这可以通过阅读职业手册，参观职业博览会，或者与从业者进行交流来完成，确保我们有足够的信息，能够向孩子提供准确和全面的建议。

3. 鼓励孩子进行职业探索

一旦我们了解了不同的职业和行业，就可以鼓励孩子进行职业探索，这可以通过实习、志愿者工作，或参加相关的课程和培训来实现。让他们亲身体验不同的工作环境和工作内容，这有助于他们更好地了解自己的兴趣和能力，并决定是否适合从事这个职业。

4. 提供正确的心理支持

在与孩子讨论未来的规划时，我们需要提供正确的心理支持。有时候，孩子可能会遇到困难和挫折，从而怀疑自己的能力和选择。作为父母，我们应该给予他们鼓励和支持，帮助他们树立信心，并相信他们能够克服困难并取得成功。

5. 制订和执行计划

一旦孩子确定了自己的职业选择和发展方向，我们就需要帮助他们制订和执行计划。我们帮助他们设定短期和长期的目标，并制订相应的行动步骤。同时，我们还应该鼓励孩子保持专注和坚持，帮助他们克服困难和挑战。我们要监督孩子的进展，并时刻提醒他们目标的重要性和价值。

总之，与孩子讨论未来的规划并帮助他们建立长远规划是一项重要且有挑战性的任务。父母可以与他们共同建立未来规划，建立明确的职业规划，引导他们更好地了解自己、找到兴趣点、树立远大目标。这将成为他们取得成功的关键。

孩子面对升学，心态不好怎么办

面对升学，孩子出现心态失衡的原因非常多。

首先，学业压力是主要因素之一。孩子们在升学考试前一段时间可能就会或多或少给自己施加压力，担忧在考试时题目不会做，担心自己知识点掌握得不够，担心考试临场发挥不好等。

其次，来自学校和家庭的期望也会对孩子造成心理负担。学校的竞争环境和家长的期望，使孩子面临巨大的心理压力，他们怕辜负了家人的期望。

最后，社会和同学之间的竞争，以及对未来的不确定性。比如，我考不上高中怎么办？我考不上大学怎么办？是读职高还是去读大专？我会不会被别人鄙视、嘲笑？会不会被别人看不起？这些都是导致孩子面对升学，心态失衡的原因。

如果孩子的心态在面对升学时失衡，可能出现以下后果。

首先，学业成绩下降。心态失衡可能导致孩子注意力不集中，学习动力下降，学业成绩受到影响。

其次，长期的心理压力会使孩子产生焦虑、抑郁等心理问题，影响心理健康。长期的心理压力还可能导致孩子的身体健康问题，如失眠、头痛、胃痛等。

最后，社交障碍也是一种可能的后果。心态失衡可能导致孩子社交能力下降，与同学关系紧张，加剧孩子的孤独感。

父母在这个关键时期应该怎么做，才能帮助孩子调整心态，更好地面对升学问题呢？

首先，很多父母在面对孩子升学时自己就表现出很焦虑的状态，担心孩子成绩不好，进不了自己期盼的学校。其实小升初并不能决定孩子未来一生的走向，父母应该降低自己的焦虑和期望，以积极的心态和相对稳定的情绪正确地看待孩子升学这个话题，如果家长都是一个愁眉苦脸、焦虑担忧的状态，那孩子的压力就会非常大。

其次，家长要树立合理的期望。理性看待孩子的能力，根据孩子的兴趣和特长，帮助孩子制订合理的升学规划，避免给孩子施加过重而无法达成的压力。

再次，父母要为孩子提供一些应对压力的方法，如深呼吸、放松训练等。按摩也是一种很好的解压办法，比如，让孩子闭上眼睛，静坐或躺下，家长为孩子按压太阳穴、头部、肩颈等。晚上让孩子泡泡热水澡或泡泡脚也是非常好的解压方法。

最后，家长可以和孩子沟通对于未来的想法，比如，职业的方向、孩子兴趣所在，或者孩子的梦想。只有当孩子看见未来，愿意为了未来去努力时，孩子才会调整心态。我们可以陪伴孩子把长远目标制订成一个个的小目标，帮助孩子不断达成小目标，这会给孩子带来成就感，这样孩子的心态才会越来越好。

总之，父母首先调整自己的心态，给到孩子足够的支持和鼓励，再为孩子提供一些应对压力的方法，培养他们的心理韧性，从而能够应对生活中的挑战，更好地面对升学问题。

孩子不想上学怎么办

很多家长一听孩子说不去上学,就感觉天都要塌下来了一样,就开始简单粗暴地指责孩子、强迫孩子、训斥孩子,根本不去了解他不想上学的根源所在。青春期阶段是孩子成长过程中的重要阶段,有的孩子开始出现叛逆、抗拒,有的会表现出不愿意上学的情况,甚至讨厌学习、厌恶学习、逃避学习,认为读书无用,非常消极地对待学习等。

作为家长,面对孩子说不想上学我们应该怎么做呢?

首先,要冷静下来。

我们不要去指责孩子,不要着急去回应孩子,给自己一个接受和缓冲情绪的时间,要让孩子感受到家长是可以接纳他有这种想法的,也是接纳他目前这个情绪的,这有助于我们与孩子沟通他们的真实想法。

其次,了解孩子不想上学的根源所在。

家长与孩子及时沟通,耐心地去听他们在说什么,看看这些理由的背后是哪些困扰和问题,知道他们真正的困扰所在,了解他们不想去学校的真正原因。是因为学科学习困难,面临学业压力不断加大,或者是与同学、老师关系出现矛盾了,还是出现校园欺凌等问题。同时也需要与老师进行有效沟通,了解孩子在学校的情况。父母只有做到清楚了解,才能对症下药。

最后,与孩子共同商量探讨并解决厌学问题。

如果孩子只是在某一次考试失利后出现自怨自艾、厌学、拒学,那我们家长可以与孩子一起梳理学习上的困难和问题,为他们提供学习资源,找寻更适宜的学习方法。

如果是因为孩子所在的学校不是他理想的学校,对学校的新环境不适应,纠结是努力进取,还是自暴自弃地熬过几年,我们家长就要引导孩子去应对学校生活中的挫折与挑战。

如果是人际交往出现障碍，或校园霸凌事件，那家长就要足够的重视，站出来为孩子发声，除了引导他如何与他人友好相处，更要让他学会如何捍卫自己的合法权益，让他知道爸爸妈妈永远支持着他。

如果孩子在当前的学校环境中已经感到非常不适应，我们家长也可以考虑为孩子调整学校环境，考虑转学，一个支持性的环境对孩子的成长是非常重要的，可以帮助他们建立自信心，安全感，提高学习动力。

总体来说，不同的厌学原因家长要不同对待，当孩子表达不愿意上学时，父母不应该采取强制的手段，要求孩子必须上学，强制的手段可能会加重他们的心理压力，导致更严重的后果。

有厌学情绪的孩子常常是学习目标不明确，责任感不强，缺乏动力的孩子。父母要帮助孩子制定个性化的学习目标，这个目标应该是他"跳起来就能摘到"的桃子。如果孩子的学习动机已经受损，制定的目标就要低一点，让他体会到成功的喜悦，而不是一次次感到沮丧和无助。

家长要克服期望值过高、要求过于片面的心理，改变过于严厉、过于苛刻的管教方法，代之以民主、平等的教育引导。建议家长先把孩子的成绩放在一边，用家庭的亲情温暖孩子，认真倾听孩子的心声，了解问题的原因。通过父母的关爱、支持和帮助，矫正孩子的厌学行为，孩子就会克服困难，重新建立起积极的学习态度，重新走进校园。

孩子不接受父母做的规划怎么办

青春期是孩子成长过程中的关键时期，他们开始渐渐独立思考、塑造自己的人生观和价值观。在这个时期，很多孩子可能会表现出对父母过多干预和规划的抵触情绪。为什么会出现这样的抵触情绪呢？他们并不是不尊重父母，而是希望在自己的成长道路上有更多的自主权和决策权，了解这一点对于我们父母来说非常重要。

大多数家长都发现，现在的孩子越长大越难教育，而且和孩子还越来越难沟通。在孩子的教育工作中，面对上初中的孩子，家长会有更多的困惑，因为这个阶段的孩子刚刚进入青春期，会出现更多的叛逆行为。

那么这个阶段父母应该怎么和孩子一起制定规划孩子才不反感呢？

首先，我们要转变心态，去理解孩子。

家长们都希望为自己的孩子提供最好的条件，帮助他们设计自以为是稳定的未来。可很多时候，家长总是无视孩子的存在与感受，把自己的意愿强加给孩子，"我是爱你的，我不爱你谁爱你""我吃的盐比你吃的饭还多""我走过的桥比你走过的路还多""你必须听我的"等，不考虑孩子的个性特征、兴趣和志向，不了解孩子的特长和爱好，过于强调自己的意愿，会让孩子产生强烈的厌恶感、压迫感、无助感。父母应该经常与孩子深入交流，尊重孩子的选择，并鼓励他们发展自己的兴趣爱好。孩子只有感觉到父母是尊重、理解他，自己的声音能被听到，自己的选择受到尊重时，他才愿意接纳父母的建议和意见。

其次，和孩子一起探讨制定规划。

父母可以在与孩子探讨规划过程中充当引导者的角色，帮助他们明确目标，并制订实现目标的计划。

父母要遵守两个"不要"原则，第一，不要一味地要求孩子听话，家长应该给到孩子更多话语权，让孩子充分发挥自我意识，有更多的自主权和选择权。第二，不要总是盯着孩子的缺点批评和指责，提出过于严格的要求。家长的批评和指责会让孩子感到厌烦和憎恨，过于严格的要求，会让孩子感到自卑和无助。家长应该尽量多关注孩子的优点和长处，适当放宽对孩子的要求，给予孩子足够的信任和支持。最重要的是，父母需要在孩子做出自己的选择后，相信他们的决定，并为他们提供必要的支持和帮助。父母的信任和支持是孩子发展的动力源泉，可以帮助他们更加自信地走向未来。

最后，寻求专业帮助。

家长可以邀请专业的职业规划师，帮助孩子了解不同职业的特点和要求，引导他们根据自身兴趣和能力选择适合的职业方向。

总体来说，父母在给孩子做规划时需要尊重孩子的意愿和选择，通过沟通和了解、聆听和共情，帮助他们找到适合自己的发展道路。父母要给予孩子自主权和选择权，同时提供必要的支持和指导，让孩子在成长过程中更加自信、独立、健康地发展。这样的家庭氛围可以为孩子的未来奠定坚实的基础，可以增强他们的自信心和责任感。

孩子没有做决策的能力怎么办

我们经常遇到孩子在面临决策时犹豫不决,反复说自己不知道,不敢决策等,所以我们要探索一下,对于孩子来说,没有做决策的能力原因有哪些。

首先,父母干预和代劳太多,总是帮助孩子把决定都做了,孩子没有自主决策的权利。

其次,孩子不够自信,害怕自己做了决策之后,这件事情会往不可控的方向发展,这一点也可能是因为过去父母在面对孩子犯错时候的过激方式问题。

最后,当代孩子们的压力普遍比较大,他们的内在是矛盾的,不知道自己怎样做决定算是正确,再看到同龄人的不同决策方向,他们会显得更加忐忑和不自信,所以总是在决策上畏首畏尾,不敢果敢地做一些决定。

那我们也知道,如果孩子到了高中阶段,还不能做决策其实是会对孩子的自信心有很大影响的,也会导致孩子没有目标和梦想,不知道自己应该为什么而努力,同时孩子的依赖思想会很重,总是需要大家来协助他解决问题,长此以往,他也会被同龄人嘲笑,而得不到内在的成长支持。

那么,如何培养孩子做决策的能力呢?

首先,培养决策技能。父母可以帮助孩子培养决策技能,教导他们如何分析问题、权衡利弊、制订计划和承担责任。到了高中阶段,最是需要父母放手的时候,因为这时候的孩子有强烈的自我意识,父母应提供支持和指导,但不要过度干涉孩子的决策,让他们有机会自己学习和成长,并且持续鼓励孩子做决策,如果决策错误,不要责怪和埋怨,而是一起协助孩子找到调整方向。

其次，父母跟上孩子的成长。父母需要知道，孩子进入高中阶段就已经是大孩子了，不需要事无巨细一一过问。父母保护不了孩子一辈子，也代替不了孩子做一辈子的决定。跟上孩子的成长脚步，从自己的心里把孩子当作一个成年人，我们跟孩子的沟通和鼓励孩子做决策的话语才会是笃定的、确信的。

最后，给孩子思考的空间。如果孩子的决策出现了问题，父母不要急着去跟孩子复盘，而是耐心地等待孩子自己来找我们求助，这样才能让孩子意识到决策为什么会失误，接下来怎么调整能够弥补，如果弥补不了，我们还可以怎么做来坦然承担这个结果。

决策的能力对于高中的孩子来说，是未来进入社会的基础条件。我们需要让孩子懂得，决策权是他的，他怎么做决定也取决于他，但要做好承担一切后果的准备。

孩子没有学习目标怎么办

孩子没有学习目标，可能是因为之前的学习目标自己始终达不到，所以感觉失落和难受，也可能是因为不知道自己究竟设定什么样的学习目标是合理的，所以陷入了迷茫，还有可能是因为初中和高中有很大的落差感，比如，在初中阶段自己还挺优秀，可是到了高中阶段大家都很优秀，导致孩子害怕给自己设定学习目标。当然，父母的态度也是非常重要的，父母不太接纳孩子在成绩上的起起伏伏，常常以念叨和啰唆的方式跟孩子讲道理，孩子自己觉得很烦躁，以至于不想设定学习目标。

所以，我们可以看到，一个孩子到了高中阶段没有学习目标，可能并不是我们看到的他不够努力、不认真、不想学习，可能是孩子感到迷茫，也在进行同一性的寻找。

当然，孩子没有学习目标，会导致他的学习成绩下降，影响他的自信心，经过几次打击，孩子可能会出现厌学的状态。也可能会让孩子在上大学的时候，后悔自己蹉跎了人生，把现在的一切努力都否定了，也否定自己的成长，出现心理问题。

所以，给父母一些建议，让我们共同陪伴孩子度过没有学习目标的阶段。

首先，重新塑造目标。高中阶段的孩子没有目标，在孩子长期成长的过程中完成的都是父母安排的目标，而他自己并不知道自己想要的是什么，所以父母应该静下来，让孩子自己思考，未来自己究竟要往哪个方向走会更好。在孩子思考目标的时间段内，父母可以带孩子游玩一些高校或者著名的地方，让孩子看到不同的学校氛围，也让孩子看到不同的工作环境和氛围，这更容易让孩子思考自己的目标方向。

其次，不要用激将法。当孩子制订出自己的目标之后，父母不要因为孩子的行动没有跟上而不断地数落批评，认为孩子自己定好的目标，既不努力又不行动，这样会让孩子彻底放弃这个目标。

再次，榜样力量。协助孩子在身边或者他喜欢的长辈中，找到一个榜样，这个榜样可能在孩子的心目中是英雄。有时候建立孩子的目标，需要他自己有一个想要追逐的标杆，也更容易让孩子跟对方沟通的时候知道对方慢慢达成目标的路径和方式，给他激励的作用。

最后，认可和鼓励。只要孩子有目标，在行动，父母要观察孩子进步的地方，及时给他认可和鼓励，让孩子知道自己只要在认真行动，就已经是最棒的状态了。

高中生的目标，影响着他们未来的从业和就业方向，而没有目标也特别容易在进入大学以后变得迷茫。所以，父母要耐心地引导孩子重新找到自己的目标方向。

孩子给自己设定的目标太高怎么办

孩子给自己设定太高目标有很多原因。

首先,社会压力是一个主要因素。很多时候,家庭和学校对于成绩的期望让学生感到压力很大。家长、老师以及同学的期望,让他们觉得必须达到一个很高的标准,否则就会感到很挫败。

其次,竞争激烈也是一个原因。学生之间的竞争非常激烈,不仅是在学业上,还包括各种课外活动。这种激烈的竞争环境让学生觉得必须要超越别人,才能争取更好的未来。为了在这场竞争中脱颖而出,他们往往会给自己设立更高的目标。

最后,个人追求卓越的心理也是一个原因。有些学生天生就对自己有很高的期望,他们渴望在各个方面都能取得顶尖成绩。这种追求卓越的心态让他们愿意为自己设立更高的目标,并付出更多的努力去追求这些目标。

设立过高目标对孩子可能会带来一系列影响。

首先,最显而易见的是压力的增加。因为他们追求的目标较高,为了达到这些目标,他们可能会感到更大的学业压力、竞争压力以及来自家庭和社会的期望,这可能对他们的心理健康产生负面影响。

其次,社交关系可能会受到影响。过高的目标可能使得他们过度专注学业和个人发展,而忽视了与同学建立良好关系的重要性。这可能导致孤立感和社交障碍,影响他们的整体发展。

最后,可能还会影响个人的情绪状态。在追求过高目标的过程中,他们可能会经历挫折和失败,而这可能导致情绪低落、焦虑和自我怀疑,长期下去,这对他们的心理健康和自信心都会带来潜在的负面影响。

当孩子给自己设定过高目标时,父母可以采取一系列引导措施,以帮助他们更理性地面对压力和目标。

  首先，父母自己就需要降低焦虑，不要给孩子设定过高的目标，也不要时时刻刻地告知孩子，我们要考多少分，要考什么大学，如果考不上就会怎么怎么样，这样会给孩子增加压力。当父母的焦虑和压力降低时，可以最大程度地降低孩子的焦虑，让孩子不去给自己设定过高的目标。

  有的孩子对自我要求比较高，这一类型的孩子就需要父母去和孩子建立通畅的沟通渠道，让孩子感到他们可以随时向父母倾诉，分享他们的担忧和压力。这有助于父母理解孩子设定高目标的原因，同时为父母提供更好的引导方式。

  其次，父母可以帮助孩子设定更为合理和可达到的目标。通过一起讨论、制订明确的计划，让孩子明白设定目标需要与实际情况相符合，这样可以降低他们的焦虑感，同时激发他们积极的学习动力。

  最后，父母要不断鼓励孩子，让他们知道无论结果如何，他们都是被爱和支持的。建立积极的家庭氛围，让孩子感到即便未能实现所有目标，也不会失去家庭的支持和关爱。

孩子不会制定人生规划怎么办

当今时代，变化已成为生活常态，世界在发生着剧变，教育领域也迎来了巨大变革，是用尽全力，迎合变化，还是跳出变化，面向未来呢？这不仅是孩子面临的困惑，对家长而言也是一个巨大的挑战。尽早制定人生规划可以帮助孩子找到内心的确定性，培养孩子既能应对当下任务，也能适应未来竞争的底层能力。协助孩子制定人生规划可以参考以下五个步骤。

1. 全面认识自我

认识自我包括了解自己的性格、兴趣、能力、价值观、需要以及所处的现状、资源等。在认识自我的过程中，帮助孩子明确自己坚守的是什么，学会辨别自我感受和他人期许，遵从自己内心所愿，更好地排除外界干扰。

2. 充分了解环境

充分了解外界环境包括了解升学途径、大学专业、未来职业，从更长远而言，还包括就业前景、薪资待遇、工作性质、社会发展等，我们可以让孩子学会通过网络平台、人物访谈、实地考察和实习体验等方式收集信息，信息收集得越全面，越有利于自己做出适合的选择。

3. 适时做出选择

在全面认识自我和充分了解外界环境的基础上，和孩子一起对所有信息进行整合，确定大致的人生方向。这个过程中，一定会出现无数种"绝佳"选择，但我们一定要明白，适合的才是最好的。什么是"适合"呢？有学者提出完美职业的标准，即你喜欢、能做好，且可以从中获得价值感。所以我们要尊重孩子的选择，而孩子也需要遵从自己的内心。你可以从小事开始，有意识地培养孩子做选择的能力。

4. 科学制定目标

有了大致方向之后,我们需要协助孩子把"方向"变为"目标",目标不宜太大,否则会让孩子因为达不到而产生挫败感,同样,目标也不能因为太小而失去了挑战性。人生目标,按种类可分为学习目标、生活目标、人际目标等,按阶段可分为学段目标、年段目标、学期目标等,父母要将一个大目标分解成无数个小目标,让孩子感到目标是可以实现的,并且更有针对性地采取行动。

5. 及时做出调整

鼓励孩子有了目标,就要立即去实践,用实践验证目标。在实践的过程中,我们一定会发现无论是我们自身,还是外在环境都在不断变化,而我们需要在这个过程中引导孩子发现问题,适应变化,并不断调整和完善自己的人生规划,帮助孩子加深对自我的认识,并获得更大的成长。

《礼记·中庸》有云:"凡事预则立,不预则废。"做好人生规划不仅可以帮助孩子找到自己真正热爱且擅长的领域,还能帮助他们实现自己的人生目标和梦想。希望我们的孩子都能拥有一个自己满意的人生。

孩子与社会脱节怎么办

好的教育，从来不是让孩子泡在蜜罐里，而是尽早让他们认清生活的真相。

如今，很多孩子与社会现实严重脱节，不了解家长的艰辛，没有经历生活的历炼。

孩子不知生活的艰辛，与社会脱节可能有多种原因，这些原因通常与他们的年龄、生活经历和社会环境有关。

首先，年龄阶段是一个重要的因素。青春期阶段，学生可能更专注于自己的学业、兴趣爱好和社交生活，而对于更广泛的社会问题和人生困境缺乏深刻的了解。他们过于沉浸在学业压力、友谊和兴趣爱好中，而对于成年人面临的更为复杂的生活挑战了解有限。

其次，家庭环境也可能是原因之一。一些家庭可能在保护孩子的同时，过度屏蔽了他们对社会现实的认知。父母为了保护孩子免受外界的负面影响，可能有意或无意地限制了他们接触社会问题的机会，导致孩子对现实生活缺乏深刻认识。

再次，学校教育体制也起到一定作用。一些学校可能过于注重学业成绩，忽视了对学生社会责任感和关爱他人的培养。如果学校课程缺乏关注社会问题的内容，学生可能难以形成对社会现实的敏感性。

最后，社交媒体的普及也对孩子对生活的认知产生影响。虽然社交媒体提供了获取信息和了解社会现象的途径，但也导致信息的片面性和过度曝光，使得高中生对于真实世界的了解过于片面化和理想化。

孩子对社会现实缺乏了解可能会产生一系列影响。

首先，最大的影响就是可能会影响他们的人生观、价值观。不了解生活的不易使他们更容易陷入对物质主义和表面功利的追求，而忽略了更深层次的人生意义和社会责任感，这对于个人的人格塑造和价值观的形成可能带来一定程度的偏差。

其次，对人间疾苦的无知可能使得他们缺乏同情心和同理心。缺乏对他人困境的了解，难以体会到别人的痛苦和挣扎，而这可能导致对他人的冷漠和缺乏关爱的态度。这对于个人的社交发展和人际关系的建立都可能带来负面影响。

最后，这种对真实生活的无知也可能阻碍他们发展积极的社会参与意识。缺乏对社会问题的认知，孩子可能难以形成积极的社会参与意识，缺乏对社会责任的担当。这对于他们未来的职业生涯和社会角色的承担都可能产生一定的负面影响。

父母在帮助高中孩子了解生活的真相方面可以采取一些实际的方法。

首先，通过开放式谈话，与孩子分享真实的社会故事。可以选择一些有关社会问题、困境或者志愿活动的真实案例，与孩子进行深入的讨论。这有助于引发他们对社会问题的思考，促使他们更深入地了解人间疾苦。

其次，和孩子商定家务活的分配。了解人间疾苦可以先从家务活开始，不论孩子学习有多忙，都适当地让孩子参与家庭事务。一是让孩子知道自己是家庭的一分子，应该为家庭做贡献。二是培养了孩子的独立能力，能够在家务活干得很出色的孩子，自理能力都不会太差。

最后，还可以鼓励孩子参与社会服务和志愿者活动。通过亲身参与，孩子能够亲身感受到一些社会问题，并通过实际行动为社会贡献。这样的经历有助于培养他们的同理心和社会责任感。